陶勇 著

ZIZAO

推荐序

我忍着，没有去摸陶勇的手。

他左手的伤痕清晰可见，那是眼科医生的手，曾给多少人带来光明。然而在2020年年初的那个冬日，患者向医生举起刀，横祸不仅是一个人的。这一事件让众人悲愤交加，在人与人关系的各种悲剧中，伤医悲剧的痛是痛彻心扉的。

我的目光从陶勇的手上移开，专注地看着他的眼睛。他坐在一群朋友中间，轻松地聊天，海边吹来秋天的风，他们在商量帮助困境儿童公益项目的事。别人说话的时候，陶勇目光专注，还不时地在本子上做着笔记，字迹清秀。他说话的时候，温和友善，有条有理。他的目光里，没有阴影，这样坦然平静的目光，好像未曾有过非常遭遇。微笑时，他目光里的清澈，就像一个孩童。

能这样面对这个世界，他的平和从容，是从哪里来的？他的内心有怎样的力量？后来，在《目光》一书中，我追寻着答案，他把充满痛感的经历当成了修心时光。

伴着2021年北京第一场雪，我看到陶勇的新书《自造》书稿。

在他的文字中，我认识了更丰富的陶勇。

他仅仅是眼科医生吗？不仅仅是。作为眼科医生，他有深厚的专业造诣，更可贵的是，他看到眼睛，也努力看到人，看到人的病，也看到人的心。看到他讲述的职业故事，看到他对一些情形的描述，我会有一种感觉：他有时好像是心理医生，有时好像是全科医生。和这样的医生对话，是患者的幸事。

他仅仅是个医生吗？不，他还是乐于分享的朋友。他对这个复杂世界有一种积极的态度，他对人们怀有由衷的善意，愿意与人分享他的观察、感受、理解。同在一个世界，人们彼此有很多关联，会有共鸣，也会有差异。分享，带来相互的了解和理解，减少隔阂和冲突。很多寻常的事，可以有不同的观察角度，不寻常的事，更有独特的感悟，分享的过程是传播精神财富的过程。在这本书里，陶勇与读者分享的内容广泛而专业，有深度又有接近感。陶勇谈活法，富有哲理，但并不觉沉重；谈想法，视野开阔，能激发火花。读这样有营养的文字，会带来健康。

他仅仅是乐于分享吗？不，他还善于分享。分享，不仅仅要有愿望，还要有方法，有时还真是个技术活。专业人士的表达，很容易用专业术语，每当我遇到费解的术语难题时，就期待对方说，"换句话说"，而看这本书，常常看到作者在"换句话说"，这种沟通意识和科普能力，助力信息有效到达，是我们非专业的读者特别需要的。陶勇经常用讲故事的方式来分享，他的哲学思考、人生感悟都融在故事细节里，有益有趣，这也是一种表达艺术。每每看到有意义、有意思的表达，我都会想，陶医生很适合当老师呢！再细想，当老师容易做教导状，陶勇还是更像朋友吧？也许，亦师亦友，更合适。

在我的职业生涯里，有幸和《感动中国》相伴近20年。在这致敬的盛典中，遇到很多医生，有的是名家，有的是乡村医生，在我眼里，他们都是大医。想到他们，就想到那首歌《你鼓舞了我》，他们对我的影响长久地存在，让我对世界、对未来有信心。我从来没有想到会为一位医生的书写序，之所以还是写了，是因为，这也是对好医生表达敬意的方式。

目 录
Contents

001　前 言

007　**01. 神奇走廊**
这是一条神奇的走廊，每当我心情压抑的时候，走过这条走廊，就会看开很多，感恩自己所拥有的健康和一切看似寻常的东西。

017　**02. 心身一体**
出现情绪异常和感觉异常时，不要轻易否定和抱侥幸心理，试着把自己的身体当成另一个人。

027　**03. 真心换真心**
塑料花，再仿真，也是假的。真正的花，是要长时间浇水才能长开的。

035　**04. 能吃能睡，没心没肺**
疾病并不是"可以被商量的对象"，如同特鲁多医生所说，"有时是治愈，常常是帮助，总是去安慰"。

045　**05. 蜜糖之网**
带有赌博心态去经营健康或者生活，早晚会输。

053　**06. 中西医结合式人生**
　　人的病被治得越来越好，但病的人却越来越烦。

063　**07. 医学窥镜**
　　通过从医，把每位病人的病例、人生故事和自己读过的书慢慢地串联在一起，像一幕幕电影，我从中更多地体会到平衡的道理。

073　**08. 职业化信念**
　　只要不是为维持衣食住行等基本生理活动的刚需所困扰，精神上的需求就像孩子一样总是嗷嗷待哺。

083　**09. 自造人生观**
　　在这样一个祛魅的年代……人们需要一个自己发掘出来且长期适合自己的人生观。

097　**10. 精神糖丸**
　　为什么得有点亲身体会的苦难来作为增加精神免疫力的糖丸？因为免疫系统是有记忆的。

105　**11. 花钱买烦恼**
　　做公益，并不会得到物质回报，但可以降低自己的物欲和私欲，精神上得到更好的满足。

115　**12. 老人的碎碎念**
　　在记忆里，存着和老人温暖相处的一件事，放在脑海的陈列架里，摆到和初恋故事的同一个架上。

13. 鸡生蛋？蛋生鸡？
生理和心理是毛鸡蛋，壳里就有鸡，蛋鸡一体。

14. 跨越绝望瀑布
我感谢我的勇气，让我打开了那扇门。我一直认为，人在濒死的时候，会有特殊的体验。我得到了一次选择。

15. 病急乱投医
"怀疑"这只鸡，不可能下出"信任"的蛋。

16. 自我催眠
用一个快乐的自我催眠，打败另一个自卑的自我催眠。

17. 都是多巴胺惹的祸
多巴胺一增加，人就得到奖赏，想不开心都做不到。

18. 犯不着理解
理解不了，完全理解不了。"聪明哥"觉得应该是很容易做到的事情，"口吃哥"却死活拗不过来。

19. "节能" "减耗"
因为眼睛要节能，会导致近视；因为大脑要节能，会形成短视。

20. 带毒生存、带菌生存、带瘤生存
接纳自己，先从接纳身上的细菌和病毒开始。

21. 疯狂的干细胞
189　干细胞不以人的主观意志为转移。同样，孤立的理想，脱离了现实的土壤，也没法生根发芽。

22. 白加黑
197　一个阶段有一个阶段的活法，不要跳级，也不要留级。

23. 元宇宙
205　在元宇宙成功搭建之前，遇到事了，也别想不开，不妨憧憬和期待一下。

24. 立体视算法
213　只用左眼看，容易看到贪婪和捷径，看不到地上的泥泞；只用右眼看，遍地全是荆棘和沼泽。

221　附　录　来信与回信

254　致　谢

257　后　记

前言

如果要说这本书是《目光》的姊妹篇的话，我想，是不够准确的。

因为，在我内心的感觉中，这本书升华了，应该是进阶篇。

网络上给《目光》的评价是：一个医生的沉思录，一部人生的解答书。我希望《自造》这本书不仅是解答书，还是"工具"书。

当然，这个"工具"达不到电脑那种精密的程度，还不属于现代化工具，可能还属于石斧、鱼骨针一类的原始工具。但我仍然很想分享，因为自己用过，好用，就想让别人也尝试。这种感觉，颇有些类似向好朋友分享吃过的美食、推荐好看的衣裤。

近两年来，我遇到的是自己人生中突如其来的打击，接触到的是年轻人普遍存在的迷茫，前者给我带来的只是短暂的调整，而后者却让我长时间陷入思考。原本，我心中是有一个假设存在的——每个人都知道自己的人生意义和努力方向，至少是大致地知道。这就像感觉每扇窗帘后面一定会有窗户，但当那些年轻人向我发来人生困惑之信，希望得到解答时，我却仿佛看见一扇又一扇窗帘被拉开，而露出的只是苍白的墙壁。

这两年的高考季，许多媒体找我为高考生加油打气，也希望我鼓励同学们坚定自己报考医学院校的志向。分享之后的结果，我其实并不清楚。直到有一天晚上，我母校北医（北京大学医学部）一个八年制的一年级本科生在现场告诉我，她本来对学医感兴趣，但我受伤的事件给了她很大的打击，她一度放弃了这个梦想，后来看到报道说我很快重新恢复门诊，她又找到了坚持的力量，重拾了自己的医学梦想，选择北医临床系，成为我的学妹。事实上，一个可以就读北医的学生，高考成绩是允许她有很多选择的，包括大家通常认为的轻松不累、赚钱不少的专业。那天晚上，我的人生幸福指数也因此加了两分：一分是因为知道自己伤后继续从医的事情可以成为影响学弟学妹的精神力量，另一分是感恩和庆幸。因为在1997年那个夏天，我在填报高考志愿的时候，真的是在选择专业，而不是选择就业。我何其之幸！每个人都或早或晚地要面对来自现实的压力，向物质世界做一定程度的妥协，而这个"刑罚"在我这里得到了缓期执行。

有一次，几个初中同学聚会，从抱怨自家老人始终不理解自己，非得逼自己做这做那，到吐槽自家孩子不如别人家孩子听话,自然而然地过渡到了一个话题——我们从什么时候开始,可以认为自己长大了?在场的同学众说纷纭,有的观点是,"男的开始爱看戏了,女的开始爱给人介绍对象了,就是长大了";也有的观点是,"意识到曾经的同学或者同龄的朋友,人数开始减少了,就是长大了";还有的观点是,"经历过一次亲人的葬礼"。最终,汇总之后,"活明白了"这四个字高度概况所有观点,得到在场人的认同,除了一个人,就是我。

因为,"活明白了"给我的始终是一种被动的感觉。这四个字挑明的是世间的真相,就摆在那里。我们小的时候,不识人间真面目,经历了悲欢离合、喜怒哀乐,看透世事,体味沧桑,总归是一种看电影、做观众的感觉,只看开头有点蒙,看到后面逐渐清晰,知道演什么了。

于我而言,"长大"的时刻更像是遇到了人生标志性的里程碑事件,是找寻到了,并且肯定了自己的人生价值和意义。在这之前,只是生理意义上的被养育成人,懂得说话做事的道理,养成良好的习惯,这些都是被动地接受教育和熏陶。在这之后,在内化的道德观、世界观的基础上,自己的人生观雏形打磨完成,通过勤奋和努力,去接近和实现自己的人生目标,在"自我编织的人生意义之网"上一路奔行。

"活出味来"比"活明白了"更让我兴奋和幸福,因为这才是独立成人的感觉。

在我身边的同学和朋友中，有几位已经找到了自己的信仰，每次与他们交流都能感觉到平和、恬然。我们有时会交换自己对事件的看法和心境的变化，分享体会。我们的共同之处在于都走在修行的路上，努力提升自己；不同之处在于"道"不同。的确，通过超出世俗的仪轨，心灵可以得到净化，但我感觉现下——现实的职业和生活中的故事，就可以成为显现智慧和真理的明镜，并不必非得向神秘之地寻觅。

将心沉下来，静静地体会身边发生的一事一物、万事万物，透过职业化信念架起的窥镜，看见遥远的星空近在咫尺，这是我希望本书带给大家的体会。因为我，就是这样感受到充盈的，并希望分享给更多人。

陶勇

2021年8月23日

01. 神奇走廊

这是一条神奇的走廊,每当我心情压抑的时候,走过这条走廊,就会看开很多,感恩自己所拥有的健康和一切看似寻常的东西。

孩子7岁那年,我心血来潮且兴致勃勃地想带孩子去看大海。在我心里,大海的广阔无垠和波涛汹涌能给孩子的成长带来最佳的仪式感。

之所以这样认为,大概率是因为我自己是个在内陆地区长大的孩子,小时候见过的最大的一片水就是小学校园后面的那个池塘。当时家里还养了鸭和鹅,赶着走路摇摇摆摆,嘎嘎嘎嘎叫着的一群鸭鹅去池塘里游水,再赶回来,觉得开心无比,幸福的缘由也许是感觉自己是一群动物的首领。

当然,那时的我对于世界的认知边界,也就是家到池塘的范围。

所以,小时候那次父亲带我去厦门看海,就打破了我内心关于世界的概念极限。之前,在那台小小的黑白电视机里看到的大海,在我的想象里一直以来无非是大一点的池塘而已,而当眼前真的出现一望无际的大海时，人的渺小感和天地的神奇感会交织在一起，形成一种特殊的体验。"刘姥姥进大观园"描述的可能就是这种感觉。

带孩子去见见世面吧，我想。

但我是很贪心的，除了开阔眼界，做父亲没有经验的我，还想借这次机会让她变得勇敢和坚强。于是，给孩子套上救生圈之后，我就把她拉到海水里，想让她面对海浪的冲击。但对大海其实还很陌生的我，并没有意识到海浪可以那么高，海浪声呼啸如雷，翻起的海浪越过我的头顶，遮蔽头顶的阳光，而并不会游泳的我当时脑海里只闪现出两个字：完了。等海浪过去，我发现面前的女儿不见了，我头一次体会到窒息的感觉，大脑嗡的一下，一片空白，赶紧四处寻找。

前方，没有。

左侧，没有。

右侧，没有。

当时虽然晴空万里，但我体会到的完全是一种天塌下来的感觉，如果她沉到了海底……

就在这时，身后传来声音："爸爸，我怕，带我上岸吧。"

我赶紧转过身去，女儿的脸上全是水，眼睛只能半睁着，我拉着她，迅速地回到了岸上。我坐在沙滩上，看着远处依旧不时翻滚而来的海浪，感觉是在另外一个世界，完全不敢回想刚才发生的事情。

回到北京,我和单位同事聊天的时候,聊起了这段。我说,"无力感和恐惧感",当时就是这种感觉,"不敢想,真的不敢想"。

单位同事中,一位45岁的中年女护士竟然啜泣起来。现场人中,只有我感到意外,其他人并没有。递上纸巾之后,护士说起了原因。

"陶主任,你只是经历那一会儿。我现在要是去想,天天都是这种感觉。"

我知道,这位护士多年前离异,前夫常喝醉了之后家暴,她一个人带着孩子,住在父母家。

"我爸脑梗一年多了,半边身子几乎瘫痪,大部分时间躺在床上,吃喝拉撒都得人伺候。我妈也有高血压,一直吃药,血压还降不下去,现在身体越来越不好了。

"我们住的那栋楼是老楼,也没有电梯,每天老太太都得上下五楼好几趟。我回家的时候,经常看见她拉着买大白菜的小拉兜,就坐在楼梯上喘气,一趟根本爬不上去。

"我们家儿子高二,因为抑郁症已经休学半年了。他前几天还和我说:'妈,要不你一个人活下去吧。'把我吓得不轻。现在他吃药了,还稍微好点。前夫也不给一分钱,这孩子就是考上大学,我也发愁。"

大伙儿都沉浸在换位思考中，护士描述的那些场景，我的确也不敢想。甚至，我宁愿和女儿再去经历一遍大海事件，也不愿进入到她所处的现实中。

一会儿，年轻的女临时工也开始悲伤起来。

"我妈催我结婚都快把我催死了，我老是和她说，还没遇到中意的。可真是那回事嘛。

"几年前，我刚来北京的时候，我总觉得我肯定能闯出个名堂来，就算要求不高吧，弄个一居室，还是没问题的。那会儿，加个晚班，路灯都亮着，看着那些高楼，我都兴奋，加班也开心，因为觉得我有希望，早晚能赚到钱。现在呢，我心里明白，赚的钱也就够管住自己这张嘴。

"我妈身体不好，我知道她为啥催我，她怕我一个人孤孤单单的，我也想找啊，可是现在谁不看'硬件'啊，我现在连相亲的勇气都没有。"

又一会儿，有个年轻医生发话了。

"你这还算好的，我刚谈崩一个。对方家长说了，不能让我们家闺女和你一起吃苦。人家问我，你晚上一般都干什么？我说，值班。当时家长就宣布结果了。"

我突然想起来，自己之前给那个老家在南方的女博士介绍过一个金融男。女博士性格温柔，形象气质佳，还会做饭；金融男喝过"洋墨水"，收入高，家庭条件好。无论是从颜值匹配度、气质吻合度，还是事业互补度上来说，两人都是天造地设、珠联璧合。于是我便问起来，有谁知道他们的相亲结果。

哪知她们异口同声地答道："早散了。"

"陶主任，你靠点谱行吗？哪个条件好的男的不找刚毕业的漂亮女大学生？进咱医院的基本条件就是博士毕业，谁博士毕业不得30岁以上，人家干吗找一老妈子在家，当保姆啊。"

我长叹一声，感觉胸口压了重重的石头，于是站起身来，想起病房还有做了手术的病人，应该过去看看。

从门诊走到病房，要经过那条弯曲且长的走廊。这条走廊是连通病房和门诊的通道，是新楼和老楼之间的桥梁。

一路上，先要经过放射科，路过焦灼着排队的人群，那儿弥漫着一股忧心忡忡的气氛。时不时地，拍片室的门被打开，一个声音传来："下一个。"

人潮中，不时有护工和家属推着床经过，床上躺着戴呼吸面罩的老人，面罩连着黄色的氧气袋，老人面色发黑、胸口起伏、表情漠然；也有坐着轮椅的外伤患者，被一圈又一圈的绷带和纱布缠着，眉头紧锁。

这是一条神奇的走廊，每当我心情压抑的时候，走过这条走廊，就会看开很多，感恩自己所拥有的健康和一切看似寻常的东西。

基于对身边人的细心观察，我觉得人可以分为两类。一类是本性上心就特大,"天边飘过五个字,那都不是事",说的就是这类人。他们遇事不急不躁,不温不火,就算是身边最亲近的人,也基本见不到他们发脾气。遇到最大的麻烦,他们也不过是私底下嘟囔几句,声音还特小。这类人晚上睡觉,沾枕头就着。这类人聊天的时候,属于倾听型,他们基本无槽点可吐。很显然,包括我在内,大多数人并不属于这类。我们属于第二类:遇到事,心理会有反应。首先,天赋不行,反应常常较强;其次,内功不强,不能将心理反应快速消化。常常等事后冷静了,又感到后悔,觉得对于这些鸡毛蒜皮的小事自己没必要往心里去,但当时就在气头上。

我们这类人早上起来的时候,心情会比较好,逢人微笑点头,到了下午和晚上,能量耗尽,谁搭理我们谁倒霉,免不了被莫名其妙地刺一下。

都说要学会做情绪的主人,可是怎样才能掌握驯服情绪的有效方法?没人说。

事实上,我很怀疑世上是否真有这样的方法。焦躁的情绪本就是机体因不堪重负和消耗而发出的信号,我们非要逆天行事,违背自身的生理机制,把自己变成没有情绪的铁人,听起来不太靠谱。

但是,我们可以拥有属于自己的"神奇走廊"。

这条走廊可以是"别人需要帮助的物理空间",也可以是

"可爱萌宠的动物乐园",抑或是"壮观雄伟的自然景观",还可以是"过得不如自己的朋友"。

"别人需要帮助的物理空间"和"可爱萌宠的动物乐园"为我们提供的是被需要感。当我们成为他们或它们眼里的"半仙"之后,我们对自己的定位也会发生改变,疏解自身情绪的能力也会得到增强。毕竟,哪个"仙儿"会在凡人面前随便发脾气呢?就算心里有想法不是也得端着吗……

"壮观雄伟的自然景观"给我们带来的是渺小感和微不足道感。这是另一种相反的方式,在感慨大自然造物主的鬼斧神工之余,很多人便会把眼前那点看不开和想不明白的事情淡化掉。再大的事情,在蓝色星球来看,算事吗?如果这还不行的话,上银河系评评理,有意义吗?芝麻粒的事,顶不了天那么大。

"过得不如自己的朋友"为我们提供的是优越感。当我们只有十块钱时,和只有一块钱的人比,就会觉得获得的更多。比如,我的好大哥,另一家医院眼科的张主任,喜欢张罗饭局,每次他都不怎么说话,就喜欢笑眯眯地听人说。有一次,趁他微醺,我问他,干吗不像别人那样吹牛、吐槽。他告诉我,他心情不好的时候,一听大伙儿都有这样或那样不舒心的事,他就舒服多了。

你看,幸福还可以建立在别人的痛苦之上。这个自私的家伙。

不过，交换悲伤的过程中，似乎没有输家，吐槽局上的每一个人都受益。彼此分不出谁是最惨的，但重要的是，知道别人过得也不如意！

自己不是唯一的倒霉蛋，知道这个真相之后，心里就舒坦多了。

不患寡而患不均。

情绪失控——焦躁、烦闷的原因，在于自身能量的过度消耗，"神奇走廊"就是无线充电的线板，是空中加油的管道。

精神上要补充能量，靠"打鸡血"的口号和说教，收效甚微且持续时间短暂。如果设置一条"神奇走廊"，将自己的视线转移，从只看得见"刺"到换个角度也能看得见"花"，心情就能像拉开窗帘一样展开；或者通过"神奇走廊"，从内心将视线海拔降低，从窥视深渊中获得光明。并且，一旦有了"神奇走廊"的美好回忆，还能轻度成瘾，久而久之，形成惯性和内心期待。

没事就常回"神奇走廊"看看。

02.
心身一体

出现情绪异常和感觉异常时，不要轻易否定和抱侥幸心理，试着把自己的身体当成另一个人。

我们这个岁数的人，小学时被人问理想：长大了想干什么？基本回答的都是"科学家"。

当科学家好玩吗？

那一年，王副教授和我都被评为同一级别的北京市科技人才，大家起点一样，所以交谈起来非常放松。

理工农医，各行各业，北京这么多高校、科研院所，一年总共才挑选出一百多个科技人才，所以我们都有很强的骄傲感。尽管行为举止上我们都谦逊而端庄，但不吹嘘的语言背后却都是春风得意的自豪。一群人在一起的时候，比较惯用的方式，就是互相替对方把最亮眼的成绩挑出来。

例如，我总会见缝插针地介绍："王大教授一年3篇一区文章，太厉害了。"

而他也会不失时宜地回捧："那和陶大教授40多篇SCI

（*Science Citation Index*，《科学引文索引》）论文比，还是不够看啊。"

我们成了好朋友。

但人生就是赛跑，差距总会越拉越大。

这一次，落后分子成了我。尽管31岁就被破格提为医院最年轻的副主任医师、副教授和硕士生导师，但在惊才绝艳的他面前，我还是非常汗颜。他用不到5年的时间，就被破格提了"正高"职称，手下带着一大批学生，发了多篇CNS［指《细胞》（*Cell*）、《自然》（*Nature*）、《科学》（*Science*）］级别高影响因子国际论文，又先后斩获了国家级的人才项目和国家级的重大科研基金，成为院士"老板"的钦定接班人。据说，能把工业领域的化学反应效率提高一个百分点都是了不得的事，他却让不知什么反应提高好几个百分点。在那个说大不大、说小不小的青年学术圈，总能时不时地听到他的传奇故事。

而我却几乎在原地踏步。客观上，我可以找到一些理由，比如给我的研究生名额少，再比如眼科杂志的影响因子就是低等。但人和人之间的比较不会考虑那么多细节，尽管我们的行业和单位不一样，每一次和他接触，我还是会受刺激。人就是这么奇怪：一方面，我在我们医院里，成为别人的压力；而另一方面，我又会感受到来自医院外别人的压力。所以，我特别理解为什么鸵鸟要把头埋在沙里，为什么土拨鼠要躲在洞里，为什么海龟要蜷在壳里，谁还不得有个安全区。

于是，我尽量规避和他的长时间见面接触，能通过电话沟通的就绝不见面。但"医生"这个行业就是烦人，有个头疼脑热的，他就爱给我打电话。

"喂，陶大主任，快给我义诊吧。"

"有那么突出的科研成绩的大科学家还会生病啊。说吧，是不是生不出二胎了。"

"瞧你陶大专家说的，要么救苦救难，要么'毁尸灭迹'，说吧，你怎么选？"

"毁尸灭迹，选完了。"这还吓得着我？

"别别别，都知道你陶大善人心肠好，和你说点事呗。"

"说吧，外面风声怎么那么大，手机话筒里听起来呼呼的。"

这一说，就是两个小时，主要是他说我听。我当时特别后悔没有事先把他的手机号绑定成亲情号码，这样可以减少一些我那少得可怜的通信费用支出。

直到今天，我也不敢肯定他那天说的是不是真话。他说他压力大，一直在学校的主楼顶上转悠，说之前已经在操场上转了好多圈，不知不觉就走到楼顶上了。我问他这些日子都干了些什么，他语言上颠三倒四的，语调时而激动时而低沉，大抵是科研经费审计让他脱了一层皮，低声下气地陪着两个手持脸那么大的计算器的小姑奶奶，像被审讯的罪犯一样；又或者是孩子放学太早，家里老人罢工了，没人接孩子，找保姆和找老婆一样，又找不到合适的；又或者是老婆也是留学归国的女强人，两口子为了谁干家务进行了民主投票，结果一比一平，家里的事只能靠每天抓阄决定，感叹在家没地位，得不到尊重……

由于那天电话里说的时间过长，很多细节我已经记忆模糊，可以肯定的只有两点。第一，他现在更喜欢待在实验室，尤其是开组会，因为研究队伍里有一个成员，每次当这位王大教授一针见血、提纲挈领地指出了实验中的不足之后，那人的目光中就会流露出发自内心的深深的景仰和敬佩，这让他觉得无比开心。尽管他刻意隐瞒了对方的性别，但聋子都能听出来对方肯定是个女性。第二，挂完电话之后，他成功地从主楼顶上走了下来，但却引发了我的中年危机。

有时我真的很佩服自己的医术，那次电话以后，他很久没和我联系，估计是苦水倒干净了，彻底不郁闷了。

很长一段时间之后，有一天，我接到了一个陌生电话，电话那头传来娇滴滴的声音。

"请问是陶主任吗？我是王教授的朋友某某某。"

"有什么事吗？"我心想，从来没有王教授的朋友直接找我的时候，这葫芦里卖的是什么药？要请我讲课吗？

"我想找您，和您说一件很重要的事情。您千万不能和王教授说我找过您。"

思考了片刻，我答应了。

她到我办公室的时候，我坚持开着门。

也许是人生地不熟，也许是说的事不太光明正大，但应该不是我的颜值给了她压力，这位朋友说话始终有些支支吾吾和吞吞吐吐。但最终，我还是听懂了。基本上是这么一回事儿，她们的实验室在二楼，王教授要去学校找校长投诉，说三楼的人总是发出噪声，吵得楼下不得安宁。

"那就去投诉啊。"我真是丈二和尚摸不着头脑，这和我有什么关系。

她抬起头来，鼓起很大的勇气，说："可是，楼上并没有什么噪声。"

"王教授说很吵的时候，我们却什么都听不到。"

我终于听明白了。于是，等她走后，我去找了一趟心理科主任，并被告知问题还挺严重。出现幻听是一种严重的精神问题，有一部分人会发展为精神分裂症，必须进行干预。但是因为病人觉得自己真实地听到了那些声音，是非常确切和肯定的感受，所以如果直接告诉他，他有病，他是不会接受的。

这一点我非常认同，如果突然有一天，有人跑到我面前，告诉我，我有精神病，让我吃药，我是断然不能接受的。

于是，心理科主任给我支了个招。

要是没点自我安慰的本事
还真活不到现在

等一朵花开
需要很多的耐心和微笑

人走得太快时
灵魂就会落在后面

拥有的都是侥幸
失去的都是人生

他给了我一瓶无色无味的药水，让我找一个王教授信得过且可以每天亲密接触的可靠的人，把药下到他的饭和水里。

我当时内心就感叹：我的天，现实比小说都要狗血，这都是什么事啊。

可是又没有其他办法，我只好把那位朋友叫来，和她精心设计了一番。细节都考虑到了，包括下药的剂量和方式，有些时候要给他熬粥，把药下到粥里，粥不能太稠，怕露馅儿；有些时候得买饮料，还得哄着让他喝光，要不然药量不够。但真实世界还是更加复杂，尽管我们如此这般地费尽心思。有一次，他持续加班，赶活儿，饭也不吃，水也不喝，最后还是这位朋友灵机一动，想到用苦肉计。她从学校商店买来一个汉堡，加热后泡上药，然后哭哭啼啼地到王教授那里说，不小心洒上了开水，要是他不吃的话，肯定是嫌她笨。

心理科主任还强调，不能停药，每天都要坚持，贸然停药更危险。

为了他，我专门报班去学了催眠，可惜一次都没用上。

据前方的"探子"来报，王教授现在耳根清净，再也听不到杂音了。真是可喜可贺。

最近，我又见了王教授一次，我向王教授强烈建议，说他研究室的那个组员是我老家的熟人，一定要想办法把她留下，在他的实验室里干活。他还一本正经地说要再考虑考虑。

我当时心里想的是，要是没人暗中喂他吃药，那可怎么得了。

为了他的健康，我不仅得和做贼似的，还得倒贴人情。

在一般人的印象里，严重损害身体健康的疾病，要么就是心肌梗死、脑中风这些要人命的或致人半身不遂的大病，要么就是癌症、肿瘤（与长期心情压抑有关）这些害人人财两空的慢性病，或是像这两年频频报道的年轻人半夜加班导致的心跳骤停。

但要是精神或心理出问题，大家却不会觉得是累病的，多半会认为是遗传的，或者是天生的，或者是家庭教育因素。多数人会认为这是"神经病"，是人脑袋里面出了问题，而不是累的。

我身边不学医的朋友基本都分不清"精神病"和"神经病"的区别。

学医的朋友也得停顿两秒在脑海中组织一下语言，要不然也容易搞错。

学术上的"神经病"是指神经系统出现了异常，组织结构发生了变化，导致行动不便、震颤、视力下降、听力下降、感觉迟钝等。民间所说的"神经病"却和"精神病"的意思差不多，是骂人的，指一个人思想不正常，出现认知层面的障碍。

心理和精神的长期异常，反过来，也会在身体上体现出变化。

在没有高科技的古代，高明的相面师一看面相，就能对一个人的心态和性格把握得八九不离十。所谓相由心生，大致是这个道理。慈眉善目，对应和蔼；桃花眼，对应好色；吊梢眼，对应奸诈。有人说，这是古代的大数据分析结果。

而拥有高科技的现代，已经用高分辨率的核磁技术发现幻听患者大脑皮层厚度或灰质体积明显减少，主要集中在颞上回、颞横回、颞中回、听觉皮层、丘脑、小脑。这些区域体积的减少与幻听严重程度成正比，还与预后直接相关。

听起来是不是很可怕？当你过度消耗身体，脑袋里面的细胞就会"死"给你看，提前脑萎缩，你还敢没完没了地熬夜吗？

很多人可能觉得幻听还挺好玩的，半夜里，听到别人听不到的声音，没准是有特异功能，可以和外星人对话。无知者无畏，其实临床上已经把出现幻听看作精神分裂症的核心症状之一。精神分裂症！吓不吓人？就是发作起来，自己都不知道自己做了什么，可能醒过来手上满是鲜血，自己还不知道怎么回事呢。

在精神分裂症患者中，伴有幻听症状的患者大概占60%—90%。当然，也不用太害怕，坚持治疗，一般也到不了那么严重的程度。

所以，如果把人比作电脑，电脑累坏了的表现，可能是死机，可能是黑屏，但也可能是花屏——错误运行程序。

其实，人是心身一体的。身体上的疲惫会反映为心理上的抵抗，心理上的不愿意也会引起身体的机能减退。出现情绪异常和感觉异常时，不要轻易否定和抱侥幸心理，试着把自己的身体当成另一个人，尝试与他对话，重视他的感受，及时把他送到心理医生那里。不要把心理医生当成老师或家长，觉得有距离感，心理医生也就是个聊天的闺蜜或朋友，就当作同桌或者心理垃圾的垃圾桶。

有些男同志，一听女朋友邀请要陪着逛街，本来生龙活虎，马上就蔫了。逛着逛着就"瘫痪"了。

有些女同志，一听男朋友邀请要陪着逛街，本来没精打采，马上就活了。逛着逛着就兴奋了。

这就是心理和生理交互作用强烈的典型案例。

当然，有一些比较具有科学批判精神的人会提出反驳，认为男同志蔫了的主要原因是钱包不够鼓，怕女朋友逛街买东西不够付款。因为据他们观察，也有部分大款是热衷于邀请网红美女逛街刷卡的，在大款看来，这或许是一种享受。

03. 真心换真心

塞料花,再仿真,也是假的。真正的花,是要长时间浇水才能长开的。

不要小瞧女人，尤其是中年女人，而其中最能干的就是农村中年妇女。

崔小妹的母亲，就是这样一位来自山西农村的杰出代表。

她一个人带着患白血病的崔小妹，在北京待了足足两年，把病治好了不说，关键是没花多少钱。我问她是怎么做到的，她也不说话，就会咧嘴笑。

有钱就有有钱的活法，没钱也有没钱的办法。这是我后来给她总结的。

因为崔小妹的眼睛出了问题，整个治疗过程，我全程经手，崔妈的办法，我算是一清二楚。崔小妹因为免疫力低下，眼睛先是感染了病毒，然后又因为炎症太严重，眼底黄斑又水肿。那时候的我特别发愁，每周都得给她往眼睛里注射抗病毒药，然后还得注射抗VEGF（vascular endothelial growth factor，血管内皮生长因子）药物。抗病毒药倒是便宜，十几块钱，可抗VEGF药非常贵，4000多块钱一支。前前后后，她注射了至少10次。

猜猜她在我这里花了多少钱？

猜多少次，你也猜不着。

答案是负10元。崔妈愣是一分钱没花，还让我"倒找"了10块钱。那次她们没吃饭，我出了10块钱给她们买了4两包子。

药是好心病友给的，注射器用医院资助的，我是免费劳力。

每次看病，崔妈都主动当志愿者，忙前忙后地张罗，一会儿帮忙扶个老人，一会儿帮忙喊号叫下一个病人，没有闲的时候。只要有空，她就和病人唠嗑，"陶大夫医术可高明了，给眼睛打针都不出血""陶大夫可神了，我女儿的眼睛就是他治好的""陶大夫人特别好，特细心"。

乱哄哄的门诊，每次只要有她在，就像是菜市场有了管事的，不仅秩序好，信任度还高，病人个个见了我就跟见了亲人似的。后来我发现，有她在，门诊病人普遍都是说啥信啥，让干啥就干啥。

为了感谢我，崔妈有时会送我东西。她说是地方特产，我看是"三无"产品。两个白色的塑料碗，中间扣着一种白色透明状的米膏糊糊，尝起来没有任何味道。为了吃她送的美食——碗团，我每次还得花钱单独买瓶醋，蘸着吃。

后来，有一次，我和崔小妹聊天，我说："你妈适合做传销。"她说:"不对,她适合做传销头子!"

崔小妹也继承了她妈妈的优秀基因——麻利、能干、会张罗事。

上次复查的时候,我问她现在在做什么,她说在老家做图书馆管理员。我说这工作挺好的,你这身体不像别人,图书馆的工作特别适合你。我又问她现在能玩手机吗。她说离得近没问题。然后她又问我最近有没有什么事能让她帮忙的,她说她兼职做网上代购。

我倒是没什么东西要买的,不像我家那位,隔三岔五叫唤要"剁手"。不过,那时我正在评一个荣誉称号,需要拉票,就是关注一个微信公众号,然后发给认识的亲朋好友,帮我点击投票。

我让她帮我拉票。她二话不说就答应了,说有个姑姑,专门干这事。

当时我还有点诧异,怎么还有人专干拉票的事,但那会儿病人多,也没顾得上细聊。过了几天,评奖委员会的工作人员联系我,说我的票数涨得太快太多了,别人有意见。于是,我想起来,便问崔小妹是怎么做到的。

她在微信里说,回去她就找她姑姑了,说陶大夫的事,咱得帮。她姑姑是好几百个微信群的群主,一接到指令,就立马组织投票。她还问我,还要不要,如果需要,还能整。

我顿时知道网上那些投票的店是怎么运作的了，群众基础深厚啊。

再后来，崔妈和我说，她们家现在开始做洗煤生意，问我有没有可能帮她介绍生意，她说大夫认识的人多，没准能牵个线。我知道山西是煤海，但我不知道煤还可以洗。于是我就去问了一个做煤炭化工的朋友，大抵的意思是洗煤之后，把一些杂质去掉，可以使煤燃烧得更加充分，效能更高。

我看着崔妈，感觉她们家现在的日子过得就和煤炭燃烧一样，红红火火。

就是天塌下来那么大的事，都拿这家人没辙。

小时候，我看过一则印象深刻的笑话，说的是吝啬鬼爸爸让儿子出去买酱油，儿子和他要钱，爸爸说："给钱买酱油，谁不会？就是要不花钱把酱油买回来。"儿子拎了空瓶回来，和他爸爸说："酱油买回来了，蘸着吃吧。"他爸两眼一瞪，问酱油在哪儿呢？儿子说："有酱油谁不会吃，就是要没酱油吃出酱油来。"

现实中，有些人还真可以凭本事"无中生有"。如果按照科幻小说里写的，未来都是机器人给人服务，没有钱，可能机器人还真不认，但只要是和真人打交道，没钱还真不一定不行。

关键是要让人感动。

让人感动需要真心的付出，还有时间。

可惜，快节奏的都市，让"忙"这个字，成为"冰冻关系"最好的理由。大家似乎都默认一个法则，那就是人际关系可以"冷冻保鲜"，需要使用的时候再"解冻"。

譬如，很多人都会发现，不知不觉，微信里的朋友数量越来越多了，觥筹交错之后、月上柳梢之前，比较流行的一个社交游戏就是互加微信。加完之后，其实很多人彼此都想不起来在哪里见过，但当时不加的话，似乎大家面子上过不去。一种心照不宣、彼此配合的表演，就此上演。回家之后，偶尔遇到事情，翻一翻，看那个单位那个部门有没有人，一看，正好通讯录里就有，就赶紧去联系。结果大概率不会被回微信，或者被委婉谢绝。

这种社会关系，网络上有个词形容，叫作"塑料情"。

塑料花，再仿真，也是假的。真正的花，是要长时间浇水才能长开的。

把人和人的交往关系冰冻起来，那人的时间都上哪儿去了呢？

有一个去处，那就是宅在家里，看网页、看八卦、看短剧。早在二十世纪四五十年代，拉扎斯菲尔德和斯坦顿主编的《传播研究，1948—1949》一书中，就指出来了大众传播媒介的害处，这些媒介不断地提供海量的信息，真假难辨，往往带着吸引眼球的标题。受众为了更好地了解身处的环境，害怕失去和身边人沟通的共同话题，每天在接触媒介上耗费了大量的时间和精力，这反而降低了他们积极参与社会实践的热情，减少了和他人之间互相交流、参与运动和共同劳动的时间。下了班，吃完饭，打开手机看完几则新闻和八卦，评论几句，也就该睡觉了。

拉扎斯菲尔德和斯坦顿把这种现象称为大众传播的"麻醉作用"。这显然是一个负面作用，会形成对他人的冷漠，更加促成以自我为中心的思考模式。因为在接受信息的过程中，我们并不需要考虑对方的感受，也无须换位思考，我们习惯的是以上帝视角，去审视和评论。

真心要拿真心换，这是崔妈一家的交际法则。

她们拒绝被"麻醉"，我们也喜欢她们递来的"真花"。

不要以为情感沟通和令人感动仅限于高等动物之间，植物之间也有交互影响。

把熟苹果和生的猕猴桃、香蕉、杧果、柿子放一块儿，能催熟这些没熟的水果。因为熟苹果会释放乙烯，乙烯是一种天然存在的植物激素。

当然，我们也可以理解为，猕猴桃、香蕉、杧果、柿子被苹果感动了，所以熟了。

04. 能吃能睡，没心没肺

疾病并不是"可以被商量的对象"，如同特鲁多医生所说，"有时是治愈，常常是帮助，总是去安慰"。

都说"秀恩爱,倒霉快",我看是有一定道理的。

这小两口,在我面前,旁若无人,你推我一下,我揉你一下。那一阵子,韩剧《浪漫满屋》热映,这俩也正好都是朝鲜族,一会儿还蹦出几句正宗韩语,看起来真像那么回事儿。听他俩的意思,以后出了院还打算学韩剧里面的主人公,开个餐馆。

但如果我是他俩,可真乐不起来。男的29岁——小段,白血病,刚做完骨髓移植,全身上下瘦得没有二两肉。眼睛还一直看着他新婚不久的老婆,满满的都是爱。我给他进行了详细的眼科检查,结果在眼底发现一处白色病灶,边上还有一丝出血。这病灶挺讨厌,离黄斑很近,黄斑就是眼底的心脏,黄斑要是沦陷,眼睛就失明了。

我顿时想起以前看过的武侠小说,大侠接暗器中了毒,毒会蔓延,从手上慢慢扩散,先到手腕,然后是胳膊,最后到心脏就完了，但一般到心脏之前，大侠都能找到某神医，然后化险为夷。我之所以选择从医，也是受了这些神医的影响，多厉害的大侠到了神医那里，也得乖乖听话。神医才是真正的大神。

现在的问题是，这个病变直接就在黄斑旁边，一上来就在心脏边上趴着，这事可让我犯愁了。小段现在的视力还是不错的，要是给他冒险治疗，最后效果不好，容易赖上我。他完全可以说："我来的时候，视力是好的，本来不会瞎，是你治瞎的。"那我可就哑口无言了。

如果眼睁睁地看着病变继续扩展，最后小段自己失明了，我倒是没责任，可是于心不忍啊。

我和这夫妻俩说了一下，小段可真是个不折不扣的吃货，眼睛要失明这种事，他根本不放在心上，只说因为白血病骨髓移植之后，大夫这不让吃，那不让吃，所以以后病好了要补回来。头一个要吃的就是辣白菜，然后和我各种说辣白菜怎么怎么好吃。他老婆也附和，说要和他一起做辣白菜，做好多好多辣白菜，天天吃。

和这两个没心没肺的人沟通，咋整？搞得我自己和自己做斗争，最后我想，这种人应该不至于有那种坏心眼，所以我决定还是要冒险给他治。

治起来，却没那么容易。

首先就是要搞明白到底是什么引起的。书上没有现成的方案，问其他人也问不到答案，一听说是骨髓移植后发病的，都皱眉头。

我这个人也是胆子大，和他商量了一下，就点上麻药，扎了他的眼球，取了眼内的液体来化验。当时，老大夫一听说都吓得要死，说万一出血怎么办，万一感染怎么办，他自己全身情况那么差，出点事怎么说得清楚。

打个比方，就像是一个人走到了悬崖边上，你眼睁睁地看着他要掉下去，你喊不喊他呢？要是不喊他，他自个儿掉下去了，赖不着你，但要是你喊了，他还是掉下去了，那是可以赖上你的——被你吓得掉下去了。

喊也喊了，后悔也没有用。我就想办法，能不能从手里这点眼内液里找出线索，就算是福尔摩斯也发愁，眼内液就只有0.1毫升，就那么一小滴。

捧着这一滴宝贝，我赶紧颠儿颠儿地开始分析免疫力低下的人常见的感染病原微生物种类，上网查微生物基因序列，去实验室借实时定量PCR仪[1]，找厂家买扩增试剂盒。头发掉了一把之后，东西都凑齐了。

我大气都不敢喘，上样之后，就死盯着机器。

---

[1]PCR为"Polymerase Chain Reaction"的缩写，中文含义为聚合酶链式反应，是一种扩增和复制基因细小片段的便捷技术。PCR仪又称基因扩增仪。——编者注

这个小段还真是命好，奇迹出现，结果出来了——巨细胞病毒核酸强阳性。

我赶紧给他眼睛里注射抗病毒药，别人一看针往眼睛上扎，都吓得哆嗦，他和没事人似的，还在那儿念叨着辣白菜呢。我一个南方人，没吃过辣白菜，也不知道是什么味道，能这么吸引人。当然，多年以后，我才知道，辣白菜和辣条不是一回事。

病变迅速消退了，他的视力保持原样，没有任何下降。

两口子走的时候，还一直吐槽说，每天吃一大把药，光药就吃饱了，等以后完全康复了，不用吃药了，一定要吃回来。敢情有的人活着的唯一希望，就是日后能吃上好吃的。虽然当时的我完全不理解，但后来去了德国之后，一年没吃着水煮鱼和米线，我也有点抓狂。

一晃，十多年就过去了。

有一天，有人加我微信，是一个陌生号码，说是我的患者，通过了之后，我看了他的朋友圈。

朋友圈发的不是盒饭，就是冷面，还有的是小视频，一桌的盒饭，基本都是标配，荷包蛋、青菜、五花肉，还有辣白菜。我明白了，这准是外卖店家。

对方发来一段视频，我虽然犹豫，想省点手机流量，但好奇心还是驱使着我点开了。里面是一个胖子，身上绑着一圈粗绳，后面一个人猛力一推，他从高台上掉下去了。

恐怖组织？我脑海里的这个念头一闪而过。

再往后看，底下是一片湖水，他身上那根绳子有弹性，半空中拽着他又弹回来了。

这哥们在蹦极，我看明白了。

他的语音消息发过来了："陶大夫，还记得我吗？请你吃辣白菜啊。"

刹那间，"辣白菜"三个字就像开启宇宙的密钥，电光火石一般解开我尘封的记忆。

当年骨瘦如柴的人怎么会胖成这样？

他向我坦白了，卖不掉的外卖和炒剩下的菜，全进了他的肚子。

"你胆子真大呀，都敢蹦极了，视网膜掉下来怕不怕？"

"憋了这么久了，再不蹦，就该憋死了。"

看来这哥们想通了，横竖都是死，宁可爽死。

"陶大夫，听说你最近遇到点倒霉的事。我和你说啊，你给我个地址，我给你快递点辣白菜，特好。"

"我那会儿，要不是你给我把眼睛治好了，真要是瞎了，我已经想好要跳楼了。你看，这不也改跳水了嘛。"

再过一会儿，他老婆的语音消息也传过来了。

"陶大夫，你还是给他治瞎了算了，我们这小店，早晚得被他吃黄了。"

和身边的医生同事闲暇时聊天，说起比较害怕的情况和比较喜欢的情况，基本都有共识。

比较害怕的情况，就是患者或者家属，轻者一把鼻涕一把泪告诉你，他们是从很远的地方来的，特别困难，家里人都指着把病人救好，要不然一家人都没法活了；重者甚至下跪不肯起来，除非你答应给他治好。生命不可承受之重，谁都害怕。

比较喜欢的情况，就是患者或者家属，自己都不把病当回事，和没事人一样，轻描淡写。

这和爱心、善良无关。恻隐之心，人皆有之。但害怕惹上麻烦，也是人之常情。谁不是有家有口的呢？

疾病和困难一样，当事人的态度，很大程度上影响着帮助者的态度。对医生来说，需要考虑各种可能的后果，疾病并不是"可以被商量的对象"，如同特鲁多医生所说，"有时是治愈，常常是帮助，总是去安慰"。医生不能只想着让疾病手到病除，也要考虑到疾病不能被有效控制，甚至恶化后患者的反应。如果患者和家属从一开始就表现出对治疗结果的强烈预期，期望能够彻底治好，那么医生就得面临这种预期落空之后的强烈反差——失望，甚至是报复。

就算医生被胁迫答应下来处理这个难题，在医治过程中，强大的心理压力也可能会导致过程失误，影响医生对手术或用药的正常判断。例如，因为不敢肯定结果百分之百会更好，医生也许宁可只开更便宜的药，或者做小手术，让患者少花钱，这样医生需要背负的道德罪名会少一些。

如果患者或家属表现出来的是很放松的状态，会给医生一种感觉："他自己都不当回事，我怕什么？""有可能出现不好的结果，既然患者和家属都没有反应过激，那我也没必要神经过敏，过分紧张，放手干吧。"

在三甲医院，尤其如此。因为疑难重症主要就是在三甲医院治疗，而这类疾病谁都没有太大把握，成败关键常常就在于能否鼓起医生的勇气。

走出医院，我们在工作和生活中，会遇到一些讨厌的麻烦事，需要求助他人的时候，何尝不是类似的情况。如果过于紧张和焦虑，是有可能吓退那些本来可以为我们提供帮助的人的。中午休息的时候，正好同事桌上有瓶饮料，如果特别渴，很想喝的话，千万别嘟囔"饮料不会过期了吧"，要不然同事准得拦着，"别喝坏了肚子"。

身边一位"白骨精"（白领、骨干、精英）因为妈妈的青光眼、爸爸的高血压以及自己的胃炎久病成医，常年和各类医生接触，颇有看病经验，深得与医生打交道的真谛。她的总结就是：

"看病的时候，真要想让大夫好好给你治，千万别说'大夫，要是你家里人得了这个病会怎么办'，你想呀，大夫说话得负责任，治坏了，你得找他算账，他家里人得病，他怎么治也没事，治好了治坏了，家里人不会怨他。想让他把你当自己人，别套他话，能被他感觉出来，那就更别扭了。也别说'我得回去和家里人多打几个电话问问'，更别一上来就刨根问底，显得自己顾虑很多。你要么装得和没事人似的，要么说'大夫，你先喝口水，我这小病，没事'。"

九三学社有位前辈——严仁英教授，被称为"中国围产保健之母"。现在女性怀孕了，孕期做的超声、化验以及各项检查，就是严教授主导设计的。但她年轻的时候，曾经悲惨到被打发到厕所去打扫卫生，而且一扫就是十年之久，以至于协和医院妇产科遇到疑难杂症，一般医生解决不了，就会和病人说"到厕所去找严教授"。

后来，动乱时期过去了，她被选为北大医院名誉院长。她不仅不老老实实地坐办公室，连医院都不待着，而是深入田间地头，骑着自行车在乡间穿梭，调查当时农村孕产妇的死亡原因，与美国合作推广叶酸口服预防神经管畸形的项目。过百岁寿辰的时候，在采访视频里，严教授说了八个字："能吃能睡，没心没肺。"

"能吃能睡，没心没肺"这八个字，在小段夫妻俩这儿也创造了奇迹。

05. 蜜糖之网

带有赌博心态去经营健康或者生活,早晚会输。

尽管孩子们都在大城市安了家,但老韩头还是愿意在农村生活。

家里有院子,院子后有林子。

他要是干活期间尿急,就会在林间的草地上撒一泡尿,反正也没人看见,但他发现,被他撒过尿的那块地儿爱招苍蝇。

慢慢地,老韩头的眼睛也越来越看不清了。一开始,他还觉得很正常,人岁数大了,就该眼花。但他没有预料到,会花得这么厉害,以至于后来连人影儿都看不见。

孩子们赶紧把他送到我的门诊,经过仔细检查后,我告诉他,眼睛得了"糖网"("糖尿病视网膜病变"的简称)。

视网膜属于眼底,就像照相机的底片,视网膜出问题了,视力的下降就不可逆。

我常给病人打比方,做白内障换晶体手术,就像照相机换镜头，原装换进口，视力还能提高。但如果视网膜出问题，就像镜子摔碎了，用胶粘起来，照人也还是变形，所以视力提高很有限。

糖尿病患者，血糖失控五年以上，眼底才开始受到损害。老韩头的孩子们纷纷自责，应该每年给父亲做体检，就不至于耽误得这么严重。

老韩头也自我检讨，爱吃甜的，油炸馒头片蘸蜂蜜是最爱，平时也爱吃西瓜。老伴替他抹眼泪，年轻的时候没好吃的，都省给孩子吃了，老了吃点甜的，还得糖尿病，命咋就那么苦。

同情归同情，该交代的实情，也还是得交代。我板起脸来，很严肃地和他的家人交代，得做好长期"备战"的准备。

"糖网"是个麻烦事。眼底密密麻麻地布满了蜘蛛网一样的"新生血管"，这种血管特别薄，好比纸皮包着滚油，极容易破，弯腰低头捡个东西，咳嗽两声，便秘憋气一用力，没准就破了。血管一破，血就流出来了，病人能眼睁睁地看着一道道红色的血线横空出现在眼前，不一会儿，就红霞满天，什么也看不见了。

就算运气好，这些定时炸弹一样的"新生血管"没破，视力还是会下降。因为"新生血管"就像会变身一样，慢慢地就纤维化了，血管变成纤维膜，就像胶水粘在卫生纸上一样，干了就皱缩，视网膜脱离紧跟着就出现了。照相机的底片脱了位，视力还能好得了吗?

"新生血管"还能爬到战略高地——小梁网——上去,小梁网就像眼球这座"城市"的地下管道网络,是排水用的,一旦被敌军占领,马上水漫金山。眼球里的水排不出去,结果自然可想而知,眼睛的压力就会升高,眼睛胀得慌,而且视神经还会萎缩——青光眼就发生了。

才交代这些,老韩头一家的腿就开始哆嗦了。

我乘胜追击,就得让他害怕了,这病才有希望。

我告诉老韩头,"糖网"是有惯性的,不是说现在把血糖控制好了,"糖网"就稳定了,就和开车似的,踩了刹车,车还得往前蹿几步,"糖网"也得反复几年。现在把血糖控制好了,是为几年后眼底稳定打基础,要不然这辈子眼睛就没完没了。

而且,我告诉他们,眼底的毛病,如果没完没了的话,家里有多少钱都得花进去。他儿子女儿赚的辛苦钱,都得往里砸。

老韩头一家彻底趴下了,老伴当场表态,这辈子不让他沾甜的。

老韩头也坚决表态,绝不贪嘴,再任谁和他说,喝两杯没事,吃两口没事,他都不听。

身体健康出了异常,绝大多数人其实是有感觉的,只是抱着侥幸心理,觉得等等没准能好。

绝大多数糖尿病人其实也都知道"五驾马车"的道理:一是

饮食，良好的饮食习惯，合理的饮食结构；二是运动，适合自己的运动方式和运动频率，达到标准体重；三是药物，在医生指导下规范化用药或者注射胰岛素；四是血糖监测，定期测量血糖；五是健康教育，掌握相关的糖尿病常识。但就是有人抱着侥幸的心理，一次又一次破戒。当然，每一次破戒的时候，潜意识里也会提醒自己，下不为例。

"管住嘴、迈开腿"的大道理，大家都懂，但比这个大道理更大的"理"，就是侥幸心理，不分地域，不分年龄，不分人种，普遍存在。

炒股的张老师，久战久败，就是不肯撤退，用他自己的话来说，是不甘心。讨论起炒股亏钱的原因，他说是侥幸心理作祟，因为有疯涨的股票存在，所以他觉得自己买的股票赚了还会继续赚；因为有跌下去的股票被拉起来，他觉得自己买的股票亏了很快就会涨回来。

说到炒股，不得不提B博士，一个材料学专业的985、211名校博士，热衷于炒股。常和我说不到三句话，就扯到炒股上。他的换股频率是每天一换，如果股市实现"T+0"（指针对股市买卖"T+1"规则而产生的超短操作技巧）的话，我估计他有可能一天换股一百遍。虽然我内心总感觉换股太频繁似乎不好，但也说不过他，因为他知道的太多了。他和我说国外有高频交易的软件，可以一直赚钱，我颇为震惊，人脑哪里算得过电脑，那全世界的钱还不早晚都被这些高频交易软件赚光了？有一次，去他租的房子那里找他，我被惊到了，墙上挂着一幅白纸，纸上打印着三个大字"股大人"，我问他，"股大人"是不是管股票的神仙，他说是。我又问他，为什么不买个财神爷之类的画像，他说那个可能不准确，得是具体分管股票的才行。于是，我就亲眼看着他在九点半开盘之前，虔诚地向"股大人"作揖，祈求买中的股票大涨。

无论多么懂科学的人，为了侥幸获得成功，也得向迷信低头。

坐诊这些年，我常听到病人问的一句话就是："大夫，我这个病是不是有可能自己会好？"言下之意，不用治了，因为有可能自己会好，所以就不断从内心上肯定自己会好。活脱儿的侥幸心理。

看过动画电影《花木兰》的朋友，可能有印象。花木兰的奶奶，手上拎着自认为有护佑功能的蟋蟀笼子，两眼一闭，横穿闹市马路，结果成功了，毫发无损。闭眼过马路，不一定会被车撞到，但这并不意味着，闭眼过马路，就肯定没事。

常在河边走，难免会湿鞋。

因为随着人的阅历更加丰富，经历的比较多，看到的比较多，接触的比较多，了解了存在更多的可能性，就会倾向于选择那些更好的可能性来作为结果预判。人的习惯性思维就是看涨不看跌。房价越涨越买，股市越涨越追。

但这种选择性见好就追的思维，其实就是侥幸心理的实际体现，往往让我们失去理智，做出欺骗自己的选择。

带有赌博心态去经营健康或者生活，早晚会输。

股神巴菲特是这样说的：市场就像大赌场，别人都在喝酒，如果你坚持喝可乐，就会没事。

06. 中西医结合式人生

人的病被治得越来越好,但病的人却越来越烦。

科技让西医越来越强大，这一点，作为21世纪的青年医生，我是全程目睹了的。

以老年黄斑变性这个病为例，十多年的时间，治疗方式一变再变，搞得我们这些学医的都要精神错乱。都说学医越老越吃香，因为经验不断积累，会驾轻就熟，但现在倒好，治疗方式变化太快，经验刚积累，就马上作废，以至于后来我和我爸聊天的时候都说，学医的经验保质期越来越短。我爸口吐金句："过期的经验就是毒药。"我妈"补刀"："看来这看病还得图新鲜。"

黄斑是长在眼底里的一个特殊组织，很多老年人以为长了黄斑就是不好，其实不对，黄斑本身是正常组织，是好的，不好的是黄斑病变。黄斑可以说是眼底的心脏，人的视力主要取决于黄斑功能。

但是随着年龄增长，有些老年人的黄斑区会长一些不该长的东西，例如异常血管。这种血管特别脆弱，很容易破裂出血，黄斑一旦出血或者因为异常血管的存在改变了局部结构，患者就会出现看东西变形的症状，本来呈直线的门框、柜门，也会变得弯曲。曾经有一位中学退休老师和我说，每次她国外的女儿回来看她，她想看看女儿胖了瘦了，就得先看女儿的脖子，再用余光去扫一下女儿的脸。因为如果她直接看女儿的脸的话，就会看见一团扭曲的图像，眼睛、眉毛、鼻子扭在一起。

我当年在医科大学就读本科，在眼科见习的时候，老年黄斑变性是没什么治疗方法的。如果异常血管长到了相对不关键的部位，没长到眼底"心脏"的正中央，而是旁边一点，就用产热的激光直接烧掉异常血管，说白了，就是烫死它。有时候烫过头了，患者反而会感觉眼底黑影加重，但我们会安慰患者，加重一点不要紧，总比异常血管越长越大，把整个黄斑占据了，彻底失明强。这种治疗方法基本上可以说是"丢车保帅"。这个时候，患者虽然不见得满意，但一般也没意见，因为花钱不多，这种激光手术费用很低，也就百十来块钱。

等到我读硕士研究生的时候，出现了一种光动力学激光治疗方法，把可以精准导航的特异性结合异常血管的光敏剂注射到体内，这些光敏剂哪儿也不去，就贴在异常血管里面，然后再用一种能量特别弱的特殊激光照一下，那些光敏剂就和烧着了的炭一样，把异常血管烫死了。这种方法不太会伤着邻近的正常组织，所以安全性更好，算是"丢卒保车"的治疗。但药也很贵，一支药一万八，患者花了很多钱，也体会不到视力的提高——因为本来这种治疗也只是让视力下降得更慢一些，所以医生压力更大了，患者嘟囔的时候也更多了。

再到我读博士研究生的时候，科技更进步了，一种生物药物——抗VEGF药物横空出世。这种药物注射到眼睛里，不仅可以使异常血管消退，还能提高视力。但麻烦事也多，这种药物要每个月打一针，而且一针一万，以至于一个病人和我说，要是活的岁数长了，家里房子都得卖了才能续针。可想而知，这下医生更忙活了，每天要安排一堆打针和复查的事情，顾不上和病人说两句话。病人因为花钱多了，期望值也水涨船高，摩擦自然也就大了。

这就是西医的常规思路，期望用科技手段解决所有问题，尽管有心理科，但心理科是单独的科室，患者还得单独去挂心理科的号。眼睛归眼科，心理归心理科，终归还是割裂的。病人本来没什么事，你让他去再挂一个科室的号，他的焦虑就多了几分。

十年的科技进步，把老年黄斑变性的老人变成了"职业病人"。

从大体到器官，从器官到组织，从组织到细胞，从细胞到分子，人体被划分得越来越细，科室也越来越多，轴长仅24毫米的小小眼睛，也被划成八个亚科——白内障、青光眼、眼底病、斜弱视、葡萄膜炎、神经眼、眼眶病、眼外伤。病人一不小心就被告知挂错了号。

人的病被治得越来越好，但病的人却越来越烦。

我们在日常生活中，又何尝不是总遭遇种种困扰。记得小时候家里几乎没有什么电器，我甚至盼着家里停电，就有借口去街上买蜡烛，溜出去透透风。后来家里的电器越来越多，例如冰箱彩电，于是便整日担心停电，又担心费电。最近网上还有一个令人笑不出来的笑话：有平时吃素、家中过着极简生活、出门以绿色交通方式为主的人，却在炒比特币。殊不知，每年耗费在比特币上的电力能源，甚至比一些小型国家一年的电力消耗还多。

科技发展带给我们便利生活的同时，也纵容我们的诸多欲望，而欲望一旦变成习惯，便成了身体的一部分。譬如烈日炎炎的夏天，年轻人常说的一句话便是"空调给了我生命"。失去身体的一部分和担心失去身体的一部分都会令人痛苦。创造科技本身是为了解放双手，让人有更多时间思考和享受，结果科技产品反而占据了人们更多的时间和精力，以至于消耗了幸福。

记得有一次看警示录像，一个贪官向警官坦白，他把钱财都堆积在家中，又不敢花，最终落下心病。他整日惦记着怕被抓，现在终于被抓了，心里的石头反而落地，倒不用每日做噩梦了。科技强大的今天，我们岂不也是自己人生的"贪官"，害怕失去的东西越来越多，搬家的时候舍不得扔的也越来越多，想要的更多。我们羡慕可以拎包就走的旅行，羡慕那些无牵无挂、说放下就放下的背包客，但也就只是羡慕而已。

德国有个伟大的社会学家韦伯，他是现代社会学的三大奠基人之一，提出过"除魅"的说法。古时候，科技并不发达，神鬼妖魔等"具备"超自然神秘力量的超验物体成为人们的信仰，它们就是"魅"。随着自然科学的日益发展，人们逐渐养成了理性的思维习惯，于是对于"魅"的神秘信仰便在不知不觉中被破除。可是，问题在于，科学本身又不能成为传统意义上的信仰，无法起到替代作用，于是人们便集体面临精神荒芜的境地。

如果说信仰是人生的终极意义的话，那比信仰低一层级的就是价值感。倘若价值感伴随着"除魅"的进程，也一同消失的话，便会形成一种隐形的空心病，人们习惯性的做法便是以物质享受进行欲望填补。但这种短暂的享乐，无法实现精神上的充盈，颇有些像注射糖皮质激素。当出现炎症时，用激素抗炎，但半衰期一过，就得再次注射，并且时间一长，激素乱七八糟的副作用就该出现了，糖尿病、高血压、消化道溃疡、骨质疏松，东边墙还没补上，西边墙又开始烂。

有一次，我去一所顶级大学交流，有些同学觉得自己很迷茫，因为不知道学习是为了什么，也不知道学习之后的出路是什么，但有一个女生例外。这个女生很肯定地说，她认为学习的目的就是获得好成绩，想别的就是多余，所以她不迷茫。等到交流结束后，这个女生拿了一本教材过来找我，说："老师，可以帮我写一句话吗？"我问她希望我写什么，她说："就写逢考必过吧！"我问这个女生是否喜欢学习大学的课程，她说她只是享受考试获得好成绩的快感。

也许，大学毕业的时候，她的学生成绩单上都是优。但没有真正睁开双眼的被动学习，又有何意义？在大学毕业后，在未来远离考试的人生中，不知道这个女生将何去何从。

我受伤之后，大学同学来看望我，其中包括一个内外妇儿考试接近满分，以至于最后被保送去了女生最爱去的妇产科上研究生的同学。她说："你们知道吗？后来我妇产科没上完就退学了，我现在带我妈去医院看病，就喜欢挂中医科，一坐在中医科的诊室里，就觉得舒服，去别的科，就和打仗似的，心里有一百只耗子挠着，耳边有战鼓敲着。"

这可真是让在场的我们吃了一惊，这个女生可是当年大学里大家私底下称为"牲口"的那种学霸。据不可靠消息，说她智商测试在160分以上。我们当时都认定她会在西医领域取得卓越的成就，怎么就"叛变"了呢？连看病都喜欢找中医。

她只说了一句话："中医大夫把我当人看。"

包括我在内，在场的其他同学也都觉得羞愧。作为西医大夫的我们，只认器官，不认人。只治人的病，不管病的人。尽管有各种客观原因造成了这种现象，但西医本身的特点无疑是重要原因，西医很容易因为技术先进，让医生陷入头痛医头、脚痛医脚的境地。

中医的整体观是精髓。我的导师曾经在一次大会上分享她当年作为赤脚医生的经历：村民中有人牙痛，她就用扎针灸的方法去帮助他——"颜面合谷收"（意思是说，凡脸部症状均可按摩合谷穴进行防治），扎虎口处的合谷穴，深受村民的喜爱。在中医的体系里，人体的409个穴位都不是孤立的，就像集成电路一样，用14条经络串联起来，扎针灸不是扎一个点，一扎就是一串或者一片。眼睛发炎了，"肝火上炎"，要疏肝经；咽干口苦了，要调理脾胃。

说到这里，"中医黑"肯定要跳起来，大棒子直接打过来，扣上一顶大帽子，帽子上写着三个字——"不科学"。但"整体观"实在是再科学不过。如果说基于现代科学的西医就是奔跑的野马，那中医的整体观、辨证施治原则、扶正祛邪原则，实应为穿过马鼻的缰绳。西医重"术"，中医重"道"。

再回到人生。

快节奏、两点一线的生活，KPI（Key Performance Indicator，关键绩效指标）考核，不知不觉也养成了我们短视化、割裂式看待人生的习惯。这种西医式的人生，貌似非常清晰、简洁、明了——干一分活，赚一分钱。人的名字可以被工号取代，时间一长，大家便会认为自己就是一个机器上的零件，是生产线上的装配工。自身情感的需求被忽略，同时也会漠视他人的感受。

人们仿佛置身电场中的电子，身不由己地就顺着电场形成电流。

是否需要解决价值观的问题，关系到是不是把自己当成一个"人"的问题。如果只按照西医的做法，埋头成匠，眼里只有树木，不见森林，抛弃独立思考的精神，恐怕不能称为独立的人。当然，没有谁生下来就能马上找准自己的系统性目标，但我们每个人都需要进行持续思考，学会不满足于眼下的由他人制定的短浅目标，否则一生都得忍受价值空心病的痛苦，与失去主动性的空虚为伴。

只要有这个意识，至少在做事的时候，我们就会带有长期目标，哪怕这个长期目标暂时还没有成为人生的系统性目标，生活也会因此产生很大的不同。譬如，我们平时见惯了很多餐馆的服务员，给人一种提不起劲的感觉，离顾客远远的，干起活来也是面无表情。但有一次，我去台北淡水的一家餐馆，感受到的却是完全不一样的服务态度。那家餐馆的服务员一点也不冷淡，表现出的也不是刻意培训出来的机械化热情，而是让顾客感觉她们就像是见了街坊邻居来串门一样。她们会在道声欢迎之后，介绍当地的文化和餐馆的历史；她们会问顾客都去了哪些景点；点菜的过程中，她们也会主动地介绍菜品的特点；吃菜的过程中，如果与你目光相对的话，她们还会朝你点头微笑。整个过程中，你能感觉到她们并没有做生意的急促心态。于是我问店里的老板，为什么服务员可以给顾客一种朋友来串门的感觉，老板告诉我，店里不招临时工，招的都是在当地生活比较久、朋友推荐的朋友来当服务员。所以这些服务员并没有打几天工就走人的心态，而且也容易树立把餐馆当成第二个家、让顾客喜欢上当地文化和这家餐馆的目标。

服务员有长期打算和没有长期打算，表现出来的工作热情和积极性就会截然不同。重要的是，她们自己的人生也会因为觉得有价值感和意义，而变得丰富和幸福。

所谓中西医结合式的人生，指的就是用较长期的目标去驾驭生活和工作中的每一个片段。用厚实的剑柄握锋利的剑锋，这样做的好处在于人会变得主动、充满阳光，如同在天堂做事。否则，做同样的事情，总觉得被牵着鼻子走，会充满"僵尸感"和"死肉感"，被动且无奈，如同身在地狱。

07.
医学窥镜

通过从医,把每位病人的病例、人生故事和自己读过的书慢慢地串联在一起,像一幕幕电影,我从中更多地体会到平衡的道理。

几个高中女生请我吃饭，因为其中一个女生的妈妈也是九三学社的社员，我们是社友，她想让我和孩子们聊聊，医学到底能不能学。

一见到这几个女生，我吓坏了，太高了，和我一般高。我记得我小时候看过的报纸上说，男的不到一米七就是"二等残废"，要是以这几个女生的身高为标准，我这个身高岂不是也算残废了。

其中一个女生特别羡慕穿白大褂的医生，想学医，但又担心自己颜值太高，影响学医，着实让我感到惊讶。我便问她，为何会有这种担心。女生说："病人不都相信有经验的老大夫嘛，脸上没点褶子，头上没点白头发，看病能有水平吗？"

我陷入了沉思，她说的也有几分道理。给我配诊的进修医生，因为长得有点着急，经常被人认为是专家，我则经常被当成配诊医生。

另一个女生问我，为什么你看起来显年轻，怎么保养的。

我说我没有特别保养，她们都不信。"那么多病人，操心熬夜，还得搞科研，怎么不会老得快？"我说我没骗人，工作好像没让我觉得特别痛苦，我反而还挺享受的。可能是心态上不抵触，就没觉得特别累。

我和她们分享了我医学生涯的三个阶段。

第一个阶段是"技"的阶段，"技"指的是技术、技能、技巧。

在我看来，医生也是工匠的一种，专门负责修理人体的异常，维护人体的功能。对于人体的构造和运行原理——解剖、组织胚胎、生理病理知识，得努力掌握；对于疾病的表现和诊治方法——内、外、妇、儿、皮、五官等各科，得努力掌握。做眼科医生不仅要"心灵"，还得手巧，所以还得在显微镜下去练习使用只有头发丝四分之一粗细的线在纱布上缝合打结。晚上主动请求跟着资深医生值夜班，来了病人就主动热情地迎上去，查完视力测眼压，然后散瞳查眼底，最后由上级医生把关。最开始的时候，因为洛阳来的进修医生说用裂隙灯可以看见前部玻璃体，我却怎么也看不见，把我急得不行，我请洛阳医生吃了宫保鸡丁，请他给我传授经验。后来，我做白内障手术的时候，切口不是靠前，就是靠后，总是合适不了，我去屠宰场以五块钱一个猪眼的价格，买了几百个猪眼，一个动作足足练了两天。

这个阶段看似辛苦，其实幸福，因为总有进步感。不会看的疾病，看得越来越得心应手，甚至能帮上级医生查漏补缺，不会做的手术，做得越来越娴熟，病人术后恢复得更快更好。再到后来，有了上万台手术的经验，坐在手术台上，便有一种要开始弹钢琴的感觉，听着玻切机有节奏的咔咔声，非常享受那种挥洒自如的畅快感。

"技"的阶段，主要靠的是勤奋和坚持，别人吃饭的时候我练习，别人睡觉的时候我学习，只有别人娱乐的时候我休息。但在这个阶段中，我并不觉得痛苦，仿佛和升级打怪一样。现在回过头来不好理解为什么自己能做到挑灯夜战，但当时却觉得像是打了鸡血一样精力充沛。

如果用水来比喻的话，这个阶段的我，处于什么都不是的时候，微不足道，如同树叶上的露珠，虽然渺小，但心中有光，露珠也可以折射太阳的光辉，让我满怀对未来的憧憬，去执着地付出。心中有目标，风雨不折腰，因为有理想，所以可以克服迷茫和困惑。

第二个阶段是"艺"的阶段，"艺"指的是艺术。

之所以用"艺"字来形容，是因为在这个过程中，我会像艺术家一样享受到美感。书法家挥毫之后、音乐家演奏之后、舞蹈家表演之后，既会给观众带来一种美的感觉，自身也会有一种酣畅淋漓的快感，究其原因，在于创新和升华。如果书法家创作书法作品只是重复地临摹字帖，想来感觉便不会强烈。

如果只是按照书本上的方法，治好了常见病和多发病，充其量只是较好地效仿和重复，时间长了，医生心里并不会产生多么强烈的美感。只有去挑战疑难疾病，改进临床诊治方案，让治不好的病被治好，或者让治病的过程变得更加简单、快捷、高效，提升诊断的正确率和治疗的有效率，医生才能享受到"艺术家"创作了满意作品的感觉。

但说实话，从第一个阶段走出来，谈何容易。作为一个病人一号难求的专家，无论是生活、工作，都进入了妥妥的舒适区。只要自己愿意，周末拎包出去，轻轻松松地做上几台手术，总能满载而归。而去挑战疑难杂症和创造教科书上都没有的方法，意味着体力和精力上更加巨大的付出，而且有可能是竹篮打水一场空。因为无人尝试的领域，风险和失败的概率必然远远高于成功和幸运。

也许是因为还年轻，不愿意早早地就进入退休养老的状态，所以几番挣扎后，我还是决定从遇到的最多的疑难眼病——眼内炎症性疾病——下手。大部分人都知道红眼病，眼睛红红的，眼泪汪汪的，这属于眼表疾病，只是眼睛表面的组织发生炎症，并不影响视力，而眼内发生炎症，则是致盲的。可能一觉睡醒，眼前就一片模糊。

眼内发生炎症，最可怕的是诊断错误，而这却是很容易发生的事情。因为从症状上来看，眼表炎症和眼内炎症差不多——眼睛红、怕光，仪器检查的表现也很接近，但是如果错误地诊断了病因的话，治疗不仅无效，甚至很可能火上浇油，加速病变发展。我们常常为了压制住炎症，给患者上激素，但如果眼内的炎症是病毒或细菌、真菌等引起的话，激素会像化肥一样，促进这些微生物的繁殖。这也是眼内炎症性疾病是主要致盲性疾病的原因。

引起眼内炎症的原因有多少种呢？从大的范围来说，可以说不计其数，地球上的各种微生物，几乎都可以成为病因；从小的范围来说，至少也有近百种常被报道的病因。这些不同病因导致的眼内炎症，就像参加化装舞会的人一样，个个戴着相似的面具，躲在华夫人身后，等着看唐伯虎点错秋香的笑话。

要想快速查明病因，得借助实验室手段，传统的方法是取出眼内的液体之后，送去实验室培养。这种方法，一是阳性率低，二是常常需要三天以上的时间，患者的治疗时机容易被耽误。采用分子方法，对眼内病原微生物进行扩增，是一种思路，但眼内可供化验的液体，只有一滴那么多，想同时满足检验的快速性、敏感性和广谱性，是个极大的挑战。

感谢我泡在实验室的那些日日夜夜，还有不计其数的摸索，最终形成了包括核酸、抗原、抗体、细胞因子检测在内的一整套眼内液检测方案。这套方案最终通过医院的科创中心进行成果转化，帮助了三百多家医院的五万名眼病患者寻找病因。

眼内液检测的系统性解决方案，就是我给自己做的一件"艺术品"，它还在不停地打磨中，我希望检测的效果可以更好、费用可以更低。

进入"艺"的阶段，主要靠的是勇敢和谦卑。所谓勇敢，是因为需要克服心理的障碍，走出舒适区，去面对新的挑战；所谓谦卑，指的是认识到自己的不足，不被自以为水平很高的假象所蒙蔽。

如果用水来比喻的话，这个阶段的我，已经取得了一些成绩，但因为认识到世上的疑难眼病仍然不计其数，感觉自己像大海里的一滴水，因为看到了大海的辽阔无垠，所以可以克服自满的障碍，认识到自己的不足，继续前行。

第三个阶段是"理"的阶段，"理"指的是哲理、道理。

在"艺"的阶段，享受的美感会随时间的推移而逐渐消退，就像书法家写了一副好字，画家画了一幅好画，也只是高兴几天一样。

通过从医，把每位病人的病例、人生故事和自己读过的书慢慢地串联在一起，像一幕幕电影，我从中更多地体会到平衡的道理。起初，我理解生理学上的稳态（homeostasis），只是一团细胞的微环境平衡，之后就会随着认识的不断扩大，延展为认识到器官和器官之间的平衡，生理和心理的平衡，人与人的平衡，人与社会的平衡，人和大自然的平衡。

学医过程中的所遇，会和生活、读书、旅行等看似不相关的所感发生共鸣，产生类比，很多道理在脑海里融合，逐渐形成一个属于自己的、强大的、自洽的逻辑体系。这样，我就变得不容易被挫折、困难或者诱惑打败。找到心中的"理"，就算是构建了自己的内心支柱，形成属于自己的"个性化哲学"和"主义"。职业化信念让我的内心变得强大，圣斗士星矢不也是因为形成专属的小宇宙而从青铜圣斗士升级为黄金圣斗士的吗？这种强大而持久的快乐，和物质上的快乐是截然不同的，让我在生命中，甚至是遭遇意外时，保持内心的充盈和稳定。

2020年我遭遇的那次事件，当然给我造成了一定的打击，但我很快就走了出来，身边的很多朋友和媒体都不能理解，难道这些人性的黑暗面，就没有给你造成困惑吗？其实在我看来，我之所以能快速走出来，可能有三个原因。首先是我本来就在做科研，即便不能再亲手做手术为病人带来光明，我也依然可以用科技这把更厉害的"手术刀"，实现我的职业价值；其次是因为我的患者朋友和盲人朋友，他们给予我无私的爱，让我觉得一切的付出都是值得的，尤其是那些盲人朋友，他们在黑暗中依然积极生活，努力学习，这些让我觉得没有什么坎儿是越不过去的；最后，也是最重要的，就是我在多年的经历中，已经形成了自己的完整的自洽逻辑体系，循环运转的小宇宙可以帮我化解打击和障碍，让我依然可以大步向前，无畏困惑。

如果还用水来比喻的话，这个阶段的我，尽管历经打击、委屈和坎坷，但以职业为窥镜，可以更清晰地悟到人生的哲理。我因为活得更加通透，就像升华的水蒸气，可以从更高的角度看待问题，高度自洽的逻辑体系让我心胸更加开阔，帮助我克服人生的困惑。

听完我的分享，几个高中女生若有所思，其中一个也总结道：小升初，初升高，高升大。

这就是我的前半生三阶段。

08. 职业化信念

只要不是为维持衣食住行等基本生理活动的刚需所困扰,精神上的需求就像孩子一样总是嗷嗷待哺。

有理想和目标的人，面对人生的重大选择时，不容易晕头转向。

但问题就在于，如何树立理想和目标，变得豁达，拒绝迷惘。

芸芸众生，每日除了睡眠、三餐，其实时间花得最多的便是在职业上。对待职业，有几种常见的态度。

一是以职业为透镜，工作中的诸多事宜，如同光线穿过玻璃透镜，在心中完全留不下痕迹，下班即熄灯。回家开启自己的人生模式，记忆点都在于家人的陪伴、闺蜜的聚会，在于远山，在于绿地，在于美食。

二是以职业为反光镜，工作极大地影响情绪，工作中的不顺、阻碍都被一丝不差地反射进内心，以致生活中的节奏也被打乱。工作成为负担，羁绊心智，控制情绪。

三是以职业为窥镜，找寻到自己的价值感和人生的意义。坚信职业是一种修行的"道"，职业中遇到的种种事情，折射进内心，引发思考，启迪智慧，提升认知，开阔心胸和视野。透过职业窥镜，看善恶、看人性、看生死、看世界。

我想表达的职业化信念，和职业道德完全是两回事。后者是某种职业所要求的从业者的道德标准，例如军人就应该有为国献身的牺牲精神，医生就应该有关爱患者的仁爱意识。而职业化信念，是在从事职业的过程中，因为职业中发生的事、职业中接触的人、职业本身的工作内容、行业书籍的阅读等，而引发持续和深入的思考，与生活中的其他经历、知识、交流所获取的信息进行融会，从而形成自己独属的价值观、人生观、世界观。

冯友兰先生把人生境界从低到高依次分为四种：自然境界、功利境界、道德境界、天地境界（哲学境界）。处于自然境界的人，即顺着本能或社会风俗习惯做事，对于自己所做的事的意义并没有觉解或觉解不深，可以理解为随波逐流、顺水行舟，抑或是人云亦云、照章办事。如果用方程式来表达自然境界，那最简单不过，因变量Y和自变量X合二为一，即$Y=X$。

一个人如果意识到了自己的存在，做事的动机以利己为出发点，所做的各种事对于他自身都有功利的意义，那么他所处的境界就是功利境界。对于功利境界比自然境界高一阶段的解释，我想可能是因为自然境界是模仿，个体还未独立，生理上断奶了，而心理和行为方式上还没有断奶，而功利境界毕竟是个体已经独立，只不过是自私些，考虑问题的方式是一元一次方程，方程里唯一的X就是他自己。

更高一阶段的是道德境界，处于这一境界的人心中有他人、有社会，能够自觉地为社会和他人的利益做各种事，其所做的事情有道德的烙印。我认为处于这个境界的人，处理问题的方式是多元一次方程，不止一个自变量，因为心中有了他人，所以自变量从X_1、X_2、X_3到Xn不等。当然，即使都处于道德境界，人与人应该也不完全一致。譬如，企业的老板不是赚到了钱都归自己，也要考虑员工的利益，那么他的Xn就包含企业的全体员工；民族主义者的Xn则包含本民族同胞；国际主义者的Xn则关系全人类；素食主义者或动物保护者的Xn则是所有动物。

最高的人生境界是天地境界，处于天地境界的人认识到他自己不仅是社会的一员，还是宇宙的一员。这种对于"天人合一"的认识使他与宇宙同一，所做的事情具有了超道德价值，超过了"人"的一般意义，升华到了"圣"的境地。这时候他考虑问题的方式是多元多次方程，不仅有多个Xn，同时，时间、空间、状态，以及事物之间的关系等"多次"因素也在方程中体现。这样的方程貌似更加复杂，犹如一块电路板，线路看似错综复杂，但是运算得反而更快。

个人认为，从自然境界到功利境界，需要的主要品质是勤奋，随大溜是很舒服的，因为不需要自己用过多的努力去改变，勤奋才能让自己获得更多的资源分配；从功利境界到道德境界，需要的主要是勇敢，"小我"的利是小利，"大我"的利是大利，要敢于突破自己，向更高的山峰走去；从道德境界到天地境界，需要的主要是智慧，意识到自身的认知局限，不需要刻意去遵循他人所制定的道德标准，内心的认知和思维习惯已经将自身和道德合二为一，在做事的时候所做出的选择自然符合道德标准，有时甚至超出道德标准。

大多数人的潜意识里，都有进阶更高的人生境界的愿望，也有摆脱日常生活中困扰的需求，通常会选择不同的解决方式。

宗教信仰是常见方式。我在德国时，身边不少朋友是基督徒，他们周末去教堂；回国后，数位身边同事和原来的同学、朋友，皈依佛门；江西老家的道教文化盛行，很多老人选择去道观烧香捐钱。选择哪个宗教，和所在地的宗教流行程度很有关系。

带我健身的周教练，是个十足的动漫迷，他不仅对动漫人物了如指掌，而且亲身参加Cosplay（角色扮演）活动，喜欢和其他爱好者一起玩角色扮演。他告诉我，虚拟人物是没有缺陷的，永远没有"翻车"的可能，他的偶像就是动漫里的人物。他和他身边的小伙伴，沉浸在动漫的世界里，就极为开心和满足。

刘女士虽然已经是孩子妈妈了，但还是一个当红男明星的"铁粉"。卧室里是他的海报，打开电脑是他的屏保，鼠标垫是他的头像，演唱会必去，出演的节目必看。我问她为什么会这么痴迷，她说曾经看过他出演的一个电视剧，被他扮演的那个正义而温情的角色深深吸引，从此不能自拔。枯燥的工作和生活本来让她抑郁，因为这个男明星的出现，又有了光。

丁老师是个剧作家，一直受到焦虑和抑郁的双重困扰，童年时遭遇的原生家庭的不幸和婚变的痛苦，让她一直饱受岁月摧残。在好姐妹的介绍下，她加入了瑜伽培训班，舒缓的音乐和各种放松的动作能让她恢复宁静，只是必须每周坚持，并且按她的话来说，做剧作家这行，必须内心痛苦，否则写不出打动人的好剧，所以，她现在从剧作家改行成了评论家。

小欣是个95后，父母都是企业高管，家里有好几套房。大学毕业后，去了银行做职员，工作不累，但一眼能看到头，日复一日重复的工作让他感觉自己提前进入了退休状态，于是他辞职加入了公益组织。做志愿者，虽然拿着很低的收入，但他看到自己的努力可以帮助山区的孩子变得快乐，他就觉得工作有意思。

只要不是为维持衣食住行等基本生理活动的刚需所困扰，精神上的需求就像孩子一样总是嗷嗷待哺。选择职业化信念，有别于其他精神满足方式。

不同种类精神满足方式的比较

精神满足的方式	宗教信仰/超验主义	偶像崇拜（现实偶像/虚拟偶像）	嗜好沉迷	职业化信念
维持时间	长	短/中	短	长
与志同道合的同伴相聚的微环境形成的难易程度	中	中	中	易
持续进阶感	强/中	弱	中/弱	强/中
在生活工作以外，需要额外投入的时间	多	多/中	多	少
在日常开销以外，需要额外投入的费用	高/中/低	高/中/低	高/中	低
对个体行为的约束要求	强	弱	弱	弱
与其他精神满足方式的重合可能	低	高	高	中
反哺生活的能力	弱	弱	弱	强

职业化信念所带来的价值感并非一成不变，而是逐渐过渡的，因为随着人对职业的不断理解，对事物的认识会更加深刻。虽然大致方向接近，但对于人生的意义理解，对于职业的价值理解，会更加立体、坚定。在进阶过程中，当人的原始本能和社会发展、舆论是是非非、个人前途选择等出现矛盾和冲突时，选择职业化信念不容易迷茫，不容易陷入困境不能自拔。

这并不是说，个人形成了职业化信念，就会立即变成无所不通的先知，对于种种纷繁复杂的现象和难题都会给出清晰无比的答案和判断。而是说，个人虽然就像是水面上的浮萍，经历漩涡和湍流时，未必知道下一秒会漂向具体哪个方向，但总能感知到重力和浮力的存在，仍然会对自己的空间定位有感觉，不会因为无法把握漂流的具体方向而心绪不定。

能感知到重力和浮力存在的浮萍，不易被水面上的各种张力所牵引，直至迷失。

选择以职业为窥镜从而不断使内心达到充盈的状态，正是职业化信念的有利之处。职业化信念方式易进入，好坚持。职业时间、生活时间和休息时间，构成一个人的总时间。如果采用其他方式获得内心提升，无疑需要占用额外时间，挤压其他时间。将职业时间"变废为宝"，可以减少消耗，既提升工作效率，又容易在工作中做出成绩，同时也能削减繁重工作所带来的负面情绪。在职业过程中不断汲取到的进步感和收获感，又可以拉进职业方向与个体内心之间的距离，刺激个体在工作上做出成绩，而这些成绩会成为阶段性成果，坚定个体继续下沉到职业本质中去的信心。

有一天，我路过病房，病房里有个病人，住了整整三周，很明显已经住烦了，便问年轻的管床大夫："大夫，我什么时候可以出院啊？"

只听年轻大夫长叹一声："唉，你早晚也能出院，早几天晚几天的事。你这是有期徒刑，我这才是无期徒刑，我什么时候才能出院啊……"

听起来是不是很熟悉，踏进单位的门，坐上工作台，有没有要服刑一天的感觉？早早盼着下班，想着"出狱"。

职业化信念会让你觉得"监狱"就是"藏宝地"，是《绝代双骄》里的侠客岛。

09. 自造人生观

在这样一个祛魅的年代……人们需要一个自己发掘出来且长期适合自己的人生观。

最早先的大夫看病，一般就看个大概，一看这人精气神不错，打高分，一看蔫头耷脑的，打低分。和病人聊几句天，回答迅速的，没大事，不吭声或者说话颠三倒四的，有大事。那会儿也只能看个大概，因为什么设备都没有，只能凭肉眼和感觉。

后来，除了看，还可以号脉。脉搏跳动就可以分类，跳得有劲是"洪脉"，跳得有气无力是"脉弦"，中间还有各种类别，例如怀孕了就是"滑脉"。按统计学的说法，这叫分类资料。最简单的分类资料是二分类资料，例如生理性别上不是男的就是女的，就两种选择。对比之下，像身高、体重可以精确到小数点后很多位的，用阿拉伯数字记录的，叫计量资料。

再后来，有了各种仪器，可以测血压，可以量体重，可以计算BMI（Body Mass Index，身体质量指数，简称体质指数，是国际上常用的衡量人体胖瘦程度以及是否健康的一个标准），有了这些计量资料，判断更准确了。

　　再再后来，视角深入到细胞层面，可以做病理检查。同样是恶性肿瘤，可以区分成腺癌、鳞癌、小细胞癌、横纹肌肉瘤、成骨肉瘤、淋巴瘤等，五花八门。因为判断得更准确，治疗也更准确了。不同的病，化疗方案不同，剂量不同。

　　到现在，已经进入分子时代。恶性肿瘤不仅可以做病理检查，还可以做免疫组化染色，例如染CD19[1]阳性就是B细胞，染CD3[2]阳性就是T细胞。同样是恶性肿瘤，Ki67[3]阳性程度越高，说明肿瘤细胞增生越多、恶性程度越高。抽血查CEA（carcinoembryonic antigen，癌胚抗原），要是阳性，提示结肠癌和直肠癌；要是AFP（Alpha-feto protein，甲胎蛋白）阳性，考虑是肝癌；要是PSA（Prostate specific antigen，前列腺特异抗原）阳性，提示前列腺癌……

---

[1]CD19（cluster of differentiation 19）表达于B细胞表面，参与组成B细胞信号转导复合物的白细胞分化抗原。参见曹雪涛、龚非力主编《中华医学百科全书·基础医学·医学免疫学》，中国协和医科大学出版社，2018年，第151页。——编者注

[2]CD3（cluster of differentiation 3）表达于T细胞表面的特征性白细胞分化抗原。参见曹雪涛、龚非力主编《中华医学百科全书·基础医学·医学免疫学》，中国协和医科大学出版社，2018年，第147页。——编者注

[3]Ki67基因位于第10号染色体的长臂上，针对Ki67的研究多用于判断肿瘤的良、恶性及恶性程度。参见张秉琪、刘馨、安煜致编著《肿瘤标志物临床手册》，人民军医出版社，2008年，第141页。——编者注

乳腺癌是女性最常见的恶性肿瘤。2013年，好莱坞著名女星安吉丽娜·朱莉因为家族遗传，担心自己有罹患乳腺癌的风险，于是做基因检测，发现BRCA1（breast cancer 1，乳腺癌易感基因1）突变，于是先行把自己双侧乳腺一起切除了。

那可是女明星的正常乳腺！

有这个必要吗？一般人可能都会觉得这样是不是有点小题大做？但是科学告诉我们，携带BRCA突变基因的女性，其一生患乳腺癌的风险高达87%，且发病年龄会提前。据世界卫生组织国际癌症研究中心（International Agency for Research on Cancer，缩写IARC）统计，2012年全球新发乳腺癌病例168万例，有52万女性因乳腺癌死亡。

BRCA基因是一种抑制癌症发生的"好基因"，我们可以把它理解为电脑的病毒防火墙，如果这个基因发生突变，就意味着防火墙不工作了，癌症就容易在我们眼皮底下发生。

消化道恶性肿瘤，包括结肠癌和直肠癌在内，也是重要杀手。消化道都长在肚子里，不到晚期出现严重的便血、消瘦症状，都不容易被发现。现在通过对粪便进行多靶点的基因检测（检测异常甲基化BMP3、NDRG4启动子区域、KRAS突变等肿瘤基因），可以提早发现，有多准确呢？医学工作者通过对上海的社区进行调查，发现其灵敏度高达85.7%。

以我们眼科为例，以前看病基本上靠的是各种放大镜（大概

伤口是光进入你内心的地方

爱与被爱是世界上最重要的事

比寻找温暖更重要的
是让自己成为一盏灯火

愛才是人生的行囊
其餘都是包袱

8倍到10倍的眼底镜、裂隙灯等），需要拍照片，凭眼科大夫的经验判断。10年前，我开始研究眼内液检测的时候，一滴眼内液只能测1种病原微生物的核酸（聚合酶链式反应）；5年前，一次可以测21种（环介导恒温扩增）；这两年，可以同时测上万种（宏基因组测序）。分子科技没有遗忘眼科。

看到这里，我想大家应该也明白了，医学在大体时代—器官时代—组织时代—细胞时代—分子时代的方向上依次不断迈进，这就是精准医学的方向。这种进步，受益于物理、光学、化学等基础学科的飞速发展，也受益于认识事物的客观性、循证性的进步。

如果说医学主要是治疗身体、心理疾病的学科，那么有一种"病"是医学束手无策的——困惑。困惑如同原子核周围的电子，无法准确预知其出现的时间、位置，一个带有煽动性的"标题党"新闻、几个口吐莲花的闲人、数条网上不经调查却带节奏的评论，也许就可以对不稳定的人生观造成很大困扰，甚至产生180度的掉头。困惑给人带来的痛苦，不亚于疾病，但舶来的人生观，却如同交流电的电场，并不能稳定住困惑这颗电子。

今年，我受包括北京大学、清华大学、中国人民公安大学、中国农业大学、华中科技大学同济医学院、北京中医药大学等十所高校的学生会邀请，分享了"目光：我的医学窥镜"主题演讲。不少大学生在提问环节向我提出了他们的人生困惑：什么是人生价值？活着的意义是什么？努力工作是为了什么？这些学校都是各自领域里的代表性名校，考生通过了千军万马挤破头的高考，会聚在象牙塔内，却开始不知所措，这些关于困惑的问题也让我深感困惑：有没有方法可以让这些被称为"天之骄子"的年轻人走出人生沼泽？

这道题，我只能给出解题思路。因为我并不清楚，适合我自己的方法是否适合其他人，但我可以肯定的是，自造人生观是一种可能的解决方案，尤其是在这样一个祛魅的年代——科学带来的理性思维，已经让年轻人逐渐排斥去简单地接受超自然神秘力量的驾驭，人们需要一个自己发掘出来且长期适合自己的人生观。这就如同买衣服需要自己试穿一下，否则就算买来一件带有超人标志的衣服，也不能给自己增加半点自信的力量。"脑补"一下，一个瘦弱的人穿着松松垮垮的超人衣服，袖子把手遮住了，裤腿掉到地上，在别人看来是感到特别滑稽还是发出赞叹呢？

自造人生观和精准医学的发展原因，应是类似的。

精准医学的发展源于疾病的治疗需要具体情况具体分析，源于个性化治疗的需要，因此才会不断地借助先进设备对疾病进行更加细微的检查和分类。当细微到一定程度，例如已经到达分子水平时，就成了一人一病了。譬如，同样是引起眼睛视力下降的视网膜色素变性，因为基因突变位点的不同，导致严重程度迥异。有的患者连感觉光的能力都彻底丧失，分不清白天黑夜；而有的患者只是轻度的夜盲，在光线暗淡的地方，容易磕到桌子椅子，但白天不影响正常生活，甚至有的人只是单位体检查眼底才发现，平时没有什么异常的感觉。每一个个体所患的疾病都不同于其他人，因而给到个体的治疗方案也是独特的。

过去，恶性肿瘤长在哪个部位，就叫什么癌，例如肝癌、肺癌、胃癌等，这其实是癌症分类的1.0版。2.0版是部位加临床病理，因为临床上发现，不同病理类型的癌症，生存周期迥异，例如肺癌既可以是鳞癌，也可以是腺癌。3.0版是部位加病理再加基因突变，因为医生发现，同一部位的同一病理性质肿瘤，采用同样的靶向药但治疗预后不同，所以就按基因突变的不同再做细分。比如"非小细胞肺腺癌"可以进一步细分成"EGFR（表皮生长因子受体）基因突变""ALK（渐变性淋巴瘤激酶）融合基因突变""KRAS基因突变"等近10种不同的疾病。现在，也有人开始提出4.0版分类，在3.0版的基础上，加上免疫特性分类。我相信，即使是3.0版的基因突变，未来也还会根据突变的不同，做进一步的细分，其实全面分析肿瘤突变基因的二代测序已经被广泛用于肿瘤基因突变的检查中了。

同理，在个体成长的过程中，影响人生观的因素很多。

首先，基因对人的影响很大。一个人的性格和处事风格，很大程度上由基因决定。常见的划分，例如"狮子""孔雀""考拉""猫头鹰"。"狮子"指的就是创业型企业老大的行为模式：自我意识很强，说一不二，喜欢挑战，别人越是说干不了的事，他就越要去试试，而且他对别人的要求很高，别人不大容易和他亲近，容易产生距离感，和他说话超过三句他就会不耐烦。"孔雀"比较爱展示自己，所以特别在乎他们在别人眼中的印象，他们很乐观，喜欢跟人打交道，有人缘，好交际，喜欢得到认可、鼓励和赞美。"考拉"总是扮演群众的角色，不喜欢出风头，爱做重复的事情，乐于接受一成不变的生活和工作，不喜欢改变，最爱的就是维持现状。"猫头鹰"特别挑剔，注重细节，喜欢完成复杂的工作，他们做事进度不一定快，但质量基本上都特别好，他们富有工匠精神。一起吃饭的时候，"狮子"会三下五除二地把菜点了，"孔雀"会说这个菜单好好看，"考拉"会说你们随便点我都行，"猫头鹰"则会挑出菜单上的错别字。当然，大部分人多多少少都是混合型，几种特点融合在一起，只是某种占比多一些。

如果非得让"狮子"去接受"有事没事，喝茶了事"的消极养生人生观，抑或是让"考拉"接受"弱者用泪水安慰自我，强者用汗水磨炼自我"的拼搏人生观，无疑是坚持不了的，他们大概率只会保持三分钟热度。

其次，原生家庭对人的影响也很大。有一句名言是这样说的：有的人的童年可以治愈一生，而有的人一生都在治愈童年。

美国著名"家庭治疗大师"萨提亚认为,每个人都和他的原生家庭有着千丝万缕的联系,而这种联系将会影响他的一生。

曾经有研究者对572名儿童(年龄12岁以下)的父亲进行问卷调查,结果发现父亲教养投入与其原生家庭父亲教养的冷漠程度呈负相关,与关怀程度呈正相关。[1]可见在原生家庭中曾经受到的父亲教养,是父亲自己对孩子教养投入的重要影响因素。对待子女的态度,受自己被父母对待的态度影响,家风传承,在不知不觉中渗透。

为了探究原生家庭对当代大学生婚恋观的影响,有研究者对88名在校大学生进行问卷调查,认为父母对自身择偶标准有一定影响的大学生占总体的69.3%,认为影响较大的占总体的6.8%。可见,绝大多数大学生认为父母对自身的择偶标准有一定的影响。在离异家庭中,父母任意一方的性格过于强势往往是离异的重要原因之一,而子女在对恋爱对象的选择上也会更倾向于"我比对方强"。父母感情一般的大学生更倾向于选择平淡稳定的爱情,这一部分占总体的64.3%。[2]

---

[1]林胤、郭菲、陈祉妍:《原生家庭父亲教养对1~12岁儿童父亲教养投入的影响:角色观念的中介作用和抑郁的调节作用》,《中华行为医学与脑科学杂志》,2021年第30卷第1期,第58—64页。——编者注

[2]高晗璐:《原生家庭对当代大学生婚恋观的影响》,《管理观察》,2019年,第143—147页。——编者注

最后，相貌、家庭财富也是影响人生走向的两大要素。相信年轻女性和年轻男性都会深深认同，其实，自古以来便是如此。例如，两次获得诺贝尔化学奖的桑格（1958年，因成功测定了蛋白质的分子结构和氨基酸序列获奖；1980年，因发明了快速测定DNA序列的"双脱氧链终止法"获奖），他出生于英国格洛斯特郡一个富裕的家庭，他的父亲是一位收入不菲的医生，母亲是富有的棉花制造商的女儿。1943年，25岁的桑格博士毕业后，他评估自己热爱科学，智力中上，不怎么擅长科学理论分析，做实验或许还有点前途。于是，他写信给一些高校，并在求职信后面加了一句话："我不缺钱，可以不拿工资……"自带干粮的免费劳动力谁不爱！果然，剑桥大学生物化学系的一个实验室向他抛去橄榄枝。富裕的家庭条件给了他自由选择科学人生的权利，起到了加分的作用。也许会有人说这只是个例，其实不然，张衡、阿基米德、亚里士多德、达尔文、爱因斯坦、德布罗意都出身于富裕家庭，他们无须把有限的人生精力和时间用在维持生计上，可以没有负担地追求人生理想。

家庭贫苦，就没有出人头地的可能了吗？上天是公平的。命运多舛、艰难困苦，似乎容易造就文学家和艺术家。凿壁偷光的西汉匡衡、萤囊映雪的晋代车胤、头悬梁锥刺股的战国苏秦，这些人物大家都熟知。国外的也有很多，出生于贫苦鞋匠家庭的安徒生；一生穷困、被流放西伯利亚的陀思妥耶夫斯基；因为穷，丧事打理起来都窘迫的伦勃朗;生前曾有一个心愿"总有一天,我会找到一家咖啡馆展出我自己的作品"的凡·高……

除了这些,还有很多客观因素会影响个体的人生观形成,例如地域文化、宗教环境等。尽管人生观的塑造受很多个体无法选择的客观条件影响,但后天的经历是不是就毫无用处了呢?

"命运掌握在自己的手里",是不是一个世纪谎言?

至少直到现在,我还是不这么认为。通过医学这个职业窥镜,切入生活的核心,在真实世界这个课堂里,将曾经读过的书、听过的人生智慧和做人道理、实验研究中悟出来的逻辑、遵守的职业信念中折射出的人与他人之间相处的合理关系,融合在一起,可以打造属于自己的个性化人生观。沉浸到身边的现实中去寻找、完善价值和接近真理,不迷信,不轻信,这是一种方法和途径,但并没有固定模式的观点能给到个体,用时髦的词来形容,要DIY("Do It Yourself"的英文缩写,指自己动手制作)。

医学人类学奠基人——哈佛大学凯博文医生在《照护》(*The soul of care*)一书的扉页上写道:献给所有经受过、忍耐过,但终究没有挺过苦难与失能的人——你们教会了我们成为真正的人究竟意味着什么。凯博文医生在看似枯燥和绝望的照护中,咀嚼出了爱的意义,这让他的人生变得立体和丰满。作为眼科医生,我目睹那些身患绝症、家境贫寒的患者和家属,始终不放弃，始终不离弃，于是也通过内心共振而获得坚强的能量，帮助我度过自己的人生困境。虽然，我们从患者的故事中得到的能量不一样，好比颜料有红有黄，每个人画出来的水彩也不尽相同，但都是暖色。

自造人生观应是有迹可循的。自古有按图索骥的成语，藏宝图不等于宝藏，拿到藏宝图的不等于就是富翁。走进商场，尽管挂着琳琅满目的衣服，但未必一定能找到适合自己的，而量体裁衣，是可以做到的。衣服合不合适，身体知道；鞋子合不合适，脚知道。

自造人生观应是各有千秋的。游泳池里，有赛道划分的浮标，因着这些浮标的存在，选手才能确定自己所在的赛道。马克斯·韦伯曾提到，人类是悬挂在自己编织的意义之网上的动物。每个选手都可以拥有属于自己的专属赛道，无须雷同。

自造人生观应是层层深入的。伴随年龄的增长，对于世事冷暖的体察，人生阅历逐渐丰富，看待事物的高度和格局会逐渐地提升，仍有"狮子"的心，但眼睛可能更加像"猫头鹰"，语言谈吐也许更倾向"考拉"，"孔雀"开屏的欲望更加被隐藏。

2015年，美国总统奥巴马宣布启动精准医疗计划，同年，《新英格兰医学杂志》（*The New England Journal of Medicine*）发表精准医学评论性文章，被认为是向传统医疗模式宣战的檄文。这是医学史上的里程碑！因为这说明医生看待疾病的视角开始深入分子层面，医疗模式从"一刀切"和"大而全"的时代开始转向个性化的精准治疗时代。同理，医治内心纷繁复杂的困惑，每个人所依赖的人生观——人生道路的方向，也决定了人们行为选择的价值取向和对待生活的态度，会是主药。相信在这个文化多元、尊重个体的时代，没有哪种人生观可以实现量产，可以一劳永逸地匹配所有个体。

我们散落在荒野的不同角落，但相信每个年轻人都可以找到自己的窥镜，看见属于自己的星空和北斗星，带领自己走出困惑沼泽。

10. 精神糖丸

为什么得有点亲身体会的苦难来作为增加精神免疫力的糖丸？因为免疫系统是有记忆的。

有一年，我参加卫生系统的宣讲比赛，对一位讲预防接种的下乡医疗扶贫医生印象颇深。他讲的是在新疆扶贫时，给当地的孩子喂糖丸预防脊髓灰质炎的故事。为了和孩子的家长"斗智斗勇"，他们一会儿把糖丸弄成红色的，一会儿把糖丸弄成白色的，问家长："糖丸吃过了吗？"家长都说："吃了。"然后他们就再问："吃的糖丸是红色的还是白色的？"没给孩子吃过糖丸的家长就蒙圈了。

糖丸还得变着法儿地"喂"，真是用心良苦。

我小时候就乖得很，打针、喂药，让干吗就干吗。

自小，我就被医生夸。因为流眼泪，我爸带我去医院，医生让大伙儿坐一排，拿着弯针头就要往眼睛上扎，看泪道通不通，那些大人都吓得不行，就我啥事没有，受到了强烈的表扬和夸奖。其实，那会儿我是还没反应过来，以为不扎我。但一旦被表扬了，我再要抵抗和恐惧，也是不合适的，所以强忍着害怕也得配合。

乖的主要原因，在于受我二姑的影响。

我二姑就是脊髓灰质炎的受害者，小时候开始左腿一瘸一拐，从此一生就被改变了。

父母打小便有意让我和二姑多接触，给她送饭、拎东西，让我陪她走路，在真实世界中感受她的不便与痛苦。

所以，回头想来，二姑这个人便成了我的"糖丸"，让我打心底里就希望远离疾病，保持健康的身体。

有一次，医院电梯坏了，我和几个同事必须爬楼梯到10楼，可把那几个同事气得不行，他们一边爬，一边抱怨，嘟嘟囔囔地念叨着毁关节什么的。我心想，有工夫生气，那就说明不累。回过头来一想，我好像每次爬楼梯都觉得没什么，有时候还喜欢蹦跶两下，貌似在"自嗨"。也许，潜意识里，就是因为我觉得有健全的双腿能蹦能跳，就是幸福。

我曾经看过一个短视频，一个农村孩子背着疯娘上学，后来做了教师，教当地的贫困孩子知识。记者采访问他怎么看待过去，他说："当别人抱怨没有鞋穿的时候，有的人已经没有脚了。"

为什么得有点亲身体会的苦难来作为增加精神免疫力的糖丸？因为免疫系统是有记忆的。

人体的免疫系统会产生抗体，如果接触了细菌、病毒这些外来的病原，体内会产生对应的记忆性B淋巴细胞，下次再遇到同样的病原，这种记忆性B淋巴细胞就会快速、大量地分泌抗体，在第一时间击垮病原。记得曾经看过一个科幻故事，外星人入侵地球，结果一到地表，就不战而败，被空气里的各种微生物打垮——外星人对于地球的病原毫无抵抗力。

从小，我家孩子的同班同学里就不缺被遮风挡雨的嫩苗。家长们和金钟罩、铁布衫一样，恨不得把孩子围个水泄不通。我看微信群里，他们一会儿想让学校装个监控，可以实时监视，看孩子有没有被欺负；一会儿又怕孩子没吃饱，念叨着多加几餐。好不容易遇上心大的父母，爷爷奶奶、姥姥姥爷又上阵。有一次，我家孩子的幼儿园班主任换人了，原因就是之前的班主任接受不了上班被监控。

医科大学学校里有位水平极高的教授，自己不仅科研成果丰硕，而且望子成龙，从小对孩子实行军事化管理。为了达到这一目的，他们家愣是把具有留洋博士学位且颇有发展前途的妈妈给"牺牲"了，彻底由她来监督孩子上各种辅导班，用他们家的话来说，给孩子的教育做到了"三个有，三个没有"。

有主课成绩经常满分，有擅长的体育锻炼项目，有周末坚持艺术提升；从来没有看过电视，从来没有接触过电子游戏，从来没有不良嗜好。

为了做到这"三个有,三个没有",不用我说,大家也能想象得出来,这家人是怎样规律地作息、紧张地安排、科学地设计,才能让孩子按理想的方向长大。

两口子含辛茹苦,终于在孩子17岁那年把他送进了那所国人心目中的顶尖学府。

但任何人都没想到的是,孩子入学第一年,就不可避免地接触了网络游戏,成天泡在网吧,毫无免疫力地成了网瘾少年,也不去上课,期末几门课程考试都挂科了。家长、老师和他交谈,他也没有失去理智,就是很冷静地反馈,他管不住自己,上瘾了。

最后的结局非常令人惋惜,由于不可自拔的深度网瘾,这位教授的孩子在无可奈何的情况下退学了。

出人意料,又属情理之中。

从不接触真正的生活,意味着生活在真空世界里,一旦进入光怪陆离且五彩缤纷的盘丝洞,这个零抗体的少年还能走得出去?

在德国留学那一年,我周末也常去看看德国人的生活。他们都是年轻人带孩子,生多少都是自己带,成年人身后常常跟着一群孩子。他们把孩子、狗带到公园,然后自己便在椅子上看书,孩子一会儿追孩子,一会儿追狗,一会儿狗又追孩子,跌倒了也不管,也没有一直追着喂热水。天黑了,就领着孩子和狗回家,在路边的商店买点菜。一开始,我也觉得他们的生活不可思议,后来便也觉得理该如此。

苦难太多了，行不行？精神免疫力的效果和遭受苦难打击的力度是不是成正比？

也许因人而异。

譬如我老妈。她曾经小学毕业之后去了乡下，一开始也很兴奋，拿起锄头种地，地里长庄稼，她觉得有意思，立下雄心壮志要好好地在农村锻炼一番。时间一长，就不行了，按她自己的话来说，志气慢慢就被磨平了，觉得世界就巴掌那么大，可能和现代人的两点一线感觉上差不多。

但我在大学的老师可不是这样。她们和我妈年龄相仿、经历相似，但还是没有放弃理想，一有高考机会，还是死劲读书，参加了高考，改变了命运，做了名医。季羡林先生在《牛棚杂忆》一书里表达的就是：既然决心活下去了，那就要准备迎接更残酷更激烈的生活。他们有愈挫愈勇的斗志。

为什么给孩子糖丸，而不是直接在胳膊上注射疫苗。我想起了小学时的一段经历，至今回想起来都有深刻意义且只能摇头一笑。

小学三年级时，同学都惧怕注射疫苗，一想到蓝色的针筒和锋利的针头，大家都不寒而栗。有一次，学校老师通知第二天集体注射疫苗，但也就在当天，不知从何处来的消息，和长了脚一样，传到每个人的耳朵里，说是隔壁县城的小学生，注射疫苗后死了，结果那天我们整个小学的人都跑空了。在我跑回家的途中，不时看见熟悉的同学身影，他们在胡同巷口，眼神四处张望，还窃窃私语。

当然，时至今日，同学聚会偶尔谈及此事，想起当时被传话和传话时煞有介事的神情，都觉得好笑。

所以，一旦用力过猛，可能还来不及产生免疫力，人就被整垮了。

精神免疫力的获取，得连哄带骗。借着糖丸那点甜，把里面的药送到嘴里。

反复吃糖丸，效果会不会更好？

答案是肯定的。

我一遇到倒霉事，我爸就给我讲他的倒霉事。

比如他小时候，只能和他姐轮流出门，因为家里只有一条裤子。

又比如上山砍柴，一不小心，镰刀劈到腿上，鲜血直流，赶紧从树上爬下来，用那条唯一的裤子把伤口捆上，一瘸一拐地走山路回来。

再比如生病了，没钱医治，只能到医院，捡别人用剩下的青霉素瓶子，找护士用生理盐水涮一涮，再输进去。

像我这样吃糖丸和吃饭一样频繁的人，早就没心没肺、能吃能睡了。

11. 花钱卖烦恼

做公益,并不会得到物质回报,但可以降低自己的物欲和私欲,精神上得到更好的满足。

面前的他——宁总，看起来干瘦，但是穿衣显瘦，脱衣有肉，动不动就做几个引体向上。如果不是因为后来有深入接触，我绝对想不到他会是隐形富豪。

因为他的一切，都显得那么普通。

他请我吃的第一顿饭，是炸酱面。

第二顿，我请的他，在医院食堂。

第三顿，是米粉外卖。

我们在一起，没有一次吃过天上飞的、水里游的，和山里跑的。

他开的车也不贵，用他的话来说，性价比高。

之所以认识他，是因为他有个特殊的癖好——逛医院。包括公立医院，但主要是私立医院。其实他不是不喜欢公立医院，用他的话来说，公立医院的大夫水平高、经验足，但主要是没时间和他长聊。私立医院的大夫时间比较充裕，挂个号，上班可以和他以医患的身份聊，请个客吃饭，下班可以和他以朋友的身份聊。

他喜欢聊各种人体问题，而且往往跨着医疗技术和社会思考的交叉地带，所以和一般大夫聊着聊着就没味道了，这就和吃甘蔗一样，嚼干了就不甜了。

好不容易遇到我这样一个医学知识扎实又饱读诗书且充满人文思考的人，他哪能轻易放过。

"陶大夫，你说为什么我爸现在关节疼，有的大夫说打封闭好，有的大夫说不能打封闭？"我和他从糖皮质激素的药理作用讲到药品的超说明书适应症，再讲到既往医疗法律界定的举证倒置，他甚满意。

"陶大夫，你说为什么人的眼睛会先注意到白纸上的黑点，但其实是先看到白纸？"我和他说到了视网膜三级神经元，"ON-OFF"（开关）机制以及长期进化过程中的脊椎动物视觉演化，他甚满意。

"陶大夫，你说要是去开一家私立医院，做什么项目好？"我和他分析了医美和医疗的区别，以及目前各项医疗的收费情况和国家对于民营医院的扶持政策，他甚满意。

他说他的偶像是"平头哥"，后来我才知道那是一种非洲草原上的动物（蜜獾）。"平头哥，生死看淡，说干就干"，他时不时和我回忆当年他在生意场上叱咤风云,视死如归。

"那会儿晚上特亢奋,根本睡不着,一晚上抽好几盒烟。"

"不睡觉都想什么呢?"

"想着怎么签单子啊,把市场份额都拿到,把竞争对手整垮。"

最后,他们拿到了全国市场96%的份额,成功被上市公司并购,创造了一个商业神话。30多岁的年纪,他就实现了财富自由。

先拿命换钱,换完之后再拿钱续命。他拿到钱之后,烟也戒了,开始养生。

一开始,他对铺天盖地的养生贴士和保健产品广告采取全盘接纳的态度。早上起来,先把双手搓热,然后搓脸,再叩齿,冷水漱口,接下来拿一个养生槌敲打周身36处大穴。他在健身房里花大钱,请最贵的私人教练,做完有氧做器械,做完器械做拉伸。吃上也讲究,炸的一口不吃,有可能致癌的一口不吃,中午吃抗氧化的,晚上吃软化血管的,每一口食物必须咀嚼36次再咽。喝水也讲究,养生壶外面再套一圈磁铁,因为听说磁化水有"奇效",壶里再整点麦饭石。

就是这样一个人,也有烦恼。因为他觉得自己活得越来越像个机器。于是,经过几番艰苦卓绝的思想斗争之后,他决定开始自己寻找养生大法,不再盲从各路"专家"。

"所以,你就开始逛医院、聊专家了,对吗?那很多事,专家说法都不一样,怎么办?"

"是啊，就拿吃早饭的事来说，有的专家说，早上不能空腹吃鸡蛋，我想，那就喝粥吧。结果有的专家说，早上空腹吃碳水化合物不好。我一查，粥就是碳水化合物，那我想，就先喝牛奶吧，结果又有专家说空腹喝牛奶反而对胃不好。"

我好像灵光一现，我感觉我知道秦始皇是怎么死的了——被一群养生专家叽叽歪歪"咒"死的。

"你现在咋整？"

"自己搞懂吧，反正时间有的是，国内专家意见不一样的，我就去国际医院找老外问。"

不知道为什么，我突然有种时光穿梭感，眼前一会儿是他穿梭在各大医院之间的景象，一会儿是徐福出海寻仙的画面，一会儿是西方炼金术士围着炉子炼丹的场景。

有一次，用他的话来说，他正在去公园找一棵百年老松树练习"采气"的路上，突然想起了一个问题，于是，他立即决定拐弯上医院来找我。他在我这儿玩突然袭击，但我又不是老松树，哪有时间接待闲人。当时，我正在眼科病房，对着一个病人发愁呢。

他熟门熟路地自己进了病房医生办公室，识趣地乖乖坐在靠门的椅子上，安安静静。

那个男病人来自农村，30岁不到的年纪，家里还有两个孩子上小学。

"我儿在城里跟着装修队做事，做油漆工，这病是不是和刷漆有关系？我就说工地做事也挺好的，赚的少一点不打紧。"他妈妈看起来年纪不大，穿着朴素。

"和劳累有关系，和刷油漆关系还真不大，"我解释道，"现在关键是怎么治疗的问题。"

"大夫你救救他吧，这么年轻，不能瞎啊。"

"白塞氏病引起的眼病有两种治疗方案：一种是传统的方案，吃激素，便宜，花不了多少钱，但效果不好，最终失明的人很多，副作用也大，吃药时间长了，会导致股骨头坏死、糖尿病、胃溃疡，一堆事；还有一种是现代方案，副作用少，效果也好，就是贵，一个月下来，要3000块。"

"这人吃激素吃废了也不行呀……"他妈妈嘟囔着，然后说着说着就哭了。很显然，3000块一个月，对于城里人可能不是太大的问题，但对于他们家应该是很大的负担。

"妈，咱不治了。"一直不说话的男病人抬起头来。

"你老婆呢？怎么没陪你来。要不然和老婆商量商量？"我好奇为什么是他妈陪着来。

他没吭声，只是叹了口气。

他妈说话了："发现尿里有血，腰子坏了，在家躺着，大夫说要透析。"

唉，想想就头大。

我没有注意宁总什么时候离开了，兴许是等的时间太久了。

过了两天，宁总来电话了，说他这两天都没睡好。

"为什么？"我问他。

"那一家子的事，老在我眼前晃悠。"宁总说。

后来，不由分说，他一定要微信转两万给我，让我给到那家人。

再后来，那家人收下钱后，送来了一袋自己种的花生和玉米，沉甸甸的，非得让我给到他。

"钱，能解决90%的烦恼，但是不能带来90%的幸福。"宁总和我说。

仔细想想，我觉得有道理。

"我现在理解，为什么那么多有钱人要做公益了。"宁总笑着对我说。

这句话，我同意一半。的确很多有钱人实现财务自由以后，投身做公益，但我也认识很多家境一般的人，也在坚持做公益，可见自己的私人财富达到了自认为足够的水平，就可以了。

大学期间，我参加过爱心社，去探访一位老教授。他的子女都在国外，自己一个人在国内养老。老教授和我们抱怨，他的眼睛看不清，我们也不会看病，就觉得他的眼镜油乎乎的、脏得很，用洗洁精给洗干净了——按照化学实验的标准，水既不聚集成滴，也不成股流下。老教授戴上之后，惊呼"清楚了"，那震惊的表情，我至今难忘。

简单的付出,就可以提高一个老人的生活质量,那一刻给我带来的价值感,持续多少年都不会消失。

但同时,也引起我的一个疑惑,为什么眼镜脏了这么简单的事,老教授自己发现不了?

直到一年后,我到一家临终关怀医院,亲眼看见一位老人,扎着小辫,戴着红花,咿咿呀呀地唱着儿歌,我才深切理会"老小孩"这三个字的含义。

对于老人,我们并不能以大人的标准去要求。

那一年,我的一个研究生拉着我去房山的一个由法国夫妻办的被遗弃的盲童基地,我们遇到一位来自香港的义工。我问她为什么跑这么远到北京来做义工,她说她的弟弟就是小时候失明被父母遗弃的,她想在这里帮助其他像她弟弟一样的小孩。

之后,我参加了国际公益学院的课程学习,班上很多同学做各种各样的公益项目,大部分人经济条件都一般。有不少人是因为自己或者身边的亲人出现了问题,所以比别人更懂得痛苦,更理解他人需要帮助的心情。例如自闭症的家长,他们就创办了关爱自闭症儿童的组织,希望能帮助这些家长,让他们懂得科学的教育方式,并且省出时间来完成自己的工作;LGBT[1]人士就创

---

[1]LGBT是女同性恋者(Lesbians),同性恋者(Gays),双性恋者(Bisexuals)与跨性别者(Transgenders)的英文首字母缩写。——编者注

办了这类人群的心理支持热线，当他们感受到孤独的时候，有懂他们的人给予支持和鼓励；父母因为心脑血管疾病而意外去世的人，就组织义诊，将健康教育课开设到各个农村，减少这类悲剧的发生。

和国际公益学院的同学在一起，学的是怎么要到钱、怎么花掉钱，听起来是不是很开心。其实一点也不，真把好事做好，挺难的。

做公益，并不会得到物质回报，但可以降低自己的物欲和私欲，精神上得到更好的满足。

通过公益行为，看到社会更多的维度，修正自己赚钱的价值——不仅仅是为了让自己过得更好，同时也让别人过得更好，达到自利和利他的平衡。过度的自利，带来的并非快乐，反而是负担。

后来再见到宁总，他说现在没什么烦恼了，吃什么都觉得香，不发愁吃什么养生食品对身体好了。只不过，他告诉我，他老婆现在一听说他要来找我，就皱眉头。

"陶大夫那里，还是少去，太贵！"这是他老婆的原话。

12. 老人的碎碎念

在记忆里,存着和老人温暖相处的一件事,放在脑海的陈列架里,摆到和初恋故事的同一个架上。

几个朋友一起聊天，有男有女。

按照惯例，男多女少的时候，以吐槽为主，女多男少的时候，以八卦为主。

三男一女。先是吐槽老板，从直接领导开始，接着是分管领导，然后是大老板，再然后是单位，再再然后是房价。最后是父母。

从父母催婚开始说起，然后就逐渐过渡到对父母个人的全盘否定。其中两个把父母接到身边住的孝子，一个是受不了父母的胆小和保守，他们总担心天要塌下来，遇到点事都吓得要死，子女打开个国际频道听听英语，也担心子女被人认为是间谍；另一个是受不了父母的细碎和烦琐，家里那点锅碗瓢盆，父母能收拾一整天，把家里那点餐具擦了洗，洗了擦，末了还得用食品袋包起来，担心进灰。

孝男一针对孝男二的吐槽提出了建设性的意见："我看你也是这样啊，手机屏幕先贴膜，没事用纸巾擦一遍，然后用带酒精的湿巾再擦一遍，最后放到一个塑料套里。"

说这话时，正擦手机的孝男二被逮个正着，"罪证"确凿。

"安全措施做得好。"作为医生的我说话了，大伙儿咯咯乐。

"不过我也越来越像我爸了，一到下午就打盹，以前小的时候，我看他下午老犯困瞌睡，想着老了别和他一样，现在还真没躲过去。"孝男一也自我反省。

曾在新加坡留学多年的孝男二没接茬，看了一眼孝男一的脑门："伯父有脱发的困扰吗？"

大伙儿又是一乐。

"我也是，"孝女也发话了，"我妈老说她就想去乡下长住，我以前也不能理解。大城市多好啊，看病水平高，买点什么都方便。可我现在也想退休了以后住乡下。"

最后，全体在场人员达成高度共识——自己都越来越像自己的父母，遗传规律是最高规律。

大伙儿在聊天中，也不知不觉开始回忆自己与老人相处的时光，我则想起了奶奶。

小学五年级那年的元宵节，我颇不开心，起因在于奶奶和我在看电视的喜好上出现了分歧。

那台昆仑牌黑白电视机，要调出清晰的图像是相当不容易的，两根天线要来回转动，并不停地伸长缩短，直至某个时刻，图像瞬间清晰，我才敢小心翼翼地放下搭着电线的手，看到屏幕上没有因此而出现一片"雪花"，便连大气也不敢喘地慢慢离开电视，开始观看。对我来说，当然是想看动画片，但耳背的奶奶偏想看京剧。

碍于那时奶奶和我处得像朋友，我不便耍性子，但谁承想那京戏一放就是一下午，奶奶凑在屏幕前看词，手上拎着小火炉，摇头晃脑。有时看得高兴，还会扭头看我，说句"好看哟"，便也不顾我那一脸烦闷，又扭头回去接着看。

一整个下午，电视被她一人霸占，我心里直闹腾。肚子里的气越胀越多，估计本该在晚饭时发作，但加班回来的父亲带回来一个令人震惊的消息——晚上七点开始，镇上会有元宵游会，父亲让我们赶紧吃饭。虽然我当时极为懵懂，也不知道这游会具体有什么，但好奇心战胜了一切，我三口两口，被那元宵里的芝麻馅儿烫得嘘嘘的，很快便放下碗筷，冲到街上去占据有利地形。

冲出门口的那一刹那，作为独生子女的我兴许是觉得一个人的快乐不是快乐，兴许是觉得有趣的事不叫上奶奶这个朋友不够意思，便"不计前嫌"地凑到她耳边，大声喊道："快走，外面有热闹。"也不管她听不听得懂，拉上她便走。等我们到街上

生活注定没有奇迹
如果有
其他人的努力不就成了白费

不要太着急
你的努力时间都会帮你兑现

真正的努力
不是让生活更忙碌
而是及时完成该做的事

有些人什么都懂
可偏偏就是懒

时，已经迟了。人头攒动，哪里还看得到里面。

尽管不知道是什么，奶奶肯定猜到了是好看的，也说不清是她拽着我，还是我拉着她，我们俩着急地一路走，一路钻缝，总算是找到一个石墩子，站在上面，便能看见。但这个石墩子上只能站一个人，因着锣鼓声已经远远传来，我们也顾不上再找更合适的地方了，一个眼神交流之后，我便扶着奶奶站上了石墩子。她使大劲伸着脖子，好几次，我都担心她要掉下来，尤其是舞龙队来的时候，她兴奋得要双手拍掌，松开拉着我的手，差点要从石墩子上摔下来，搞得我只能紧紧拽住她的衣角。

舞龙之后，她便示意要下来，我便抱着她缓缓下来。她站着，拉着我的手，换作我站在石墩子上，看接下来的踩高跷。最喜的是天井源乡和浔溪乡的表演，不仅高跷踩得高，而且演员手上都摇着花扇，头上戴着秀才帽、头巾等。看到兴奋时，我便左一脚右一脚地也在那石上踩，感觉自己也在那街心演着。

之后，又换她看学生洋鼓队，她听应该是听不太清的，但从侧脸看去，那脸上的褶和花一般，应是回忆起了自己年少时。再之后，又换了我看古装戏，一到孙悟空、猪八戒上场，孩子们便沸腾了，高潮时是孙悟空一棍子打死妖怪，我也情不自禁地从石上蹦下。她生怕我摔倒，我又怕她因拽我而摔倒，于是我们便抱在一起，看到彼此都站稳了，便咯咯地乐。不知为何，时间过得那样快，借着皎洁的月光，我们手牵手地往家走，大声地和对方说着彼此没有看到的部分,我也一直脑补着舞龙的龙珠有多大,龙舞得多欢。那一晚,我像是一个哥哥带了妹妹上街,又像是男生带了女生看戏。

五年级的那个元宵节,因着失去了辈分的限制,我们就像元宵里的馅儿一样,被紧紧地包裹在了一起。

多年以后,一看见老人,这段经历便会第一时间浮现在我脑海里。

老人的碎碎念是招年轻人烦的一个重要原因。单位本来就忙,生活压力本来就大,再一听唠唠叨叨的,有时就像火苗进到油锅里一样,炸得全家都一脸麻子。

前一阵子,我看了一部电影《困在时间里的父亲》(*The Father*),如果不了解阿尔兹海默症(老年痴呆症),一般人会觉得这部电影非常奇怪,简直就是错乱感的时空之旅,不同的两个平行世界发生的事似乎在交叠。一个又一个的回忆碎片,讲述了年迈的安东尼正面临一项艰难的人生选择——搬到养老院还是接受女儿安排的新护工。

这部电影让很多人产生共鸣,因为如何与老人好好相处是许多家庭遇到的共同难题。

研究人员曾对海南省759名老人进行调查,发现文化程度、工作类型、家庭收入、子女的健康状况是影响老人选择养老模式的重要因素,仅有59名(7.8%)老人愿意去养老院这样的机构养老,绝大部分还是希望和子女生活在一起。[1]

老人因着年龄长,爱摆家长的架子,喜欢居高临下地干预年轻人的生活方式,这种姿态其实常常让人感觉不舒服,而且他们的观点也并不一定正确。随着时代的变迁,他们过时的观点也许反而是错误的。

与此同时,作为子女的我们,也容易陷入一个定律——"最深的伤害来自最亲的人"。我们的不高兴会写在脸上,用带有锋芒的语言来进行回应,让他们的内心布满伤痕。

而伤害了他们之后,我们也并不舒服。

类似的事,乐嘉老师也曾遇到过。他的母亲看他加班工作辛苦,给他熬了鸡汤,直接就喂他喝,结果洒在键盘上,还导致电脑死机。结局当然是"我就跟我妈妈大喊起来,老妈直接就泪奔"。他后来领悟了一个人际交往的至高法则——不要用你喜欢的方式去对待别人,而应该用别人喜欢的方式来对待别人。他下班回家以后第一件事情就是打电话给妈妈,在电话里撒娇:"你可以过来帮我一个忙吗?我这里好需要你啊。"妈妈过来后又是做红烧肉又是擦玻璃,虽然身体累,但是她高兴——因为得到子女对她的关注,有被需要的价值感。

---

[1]苏娅、黄志萍、陈秀红、梁培日:《海南省老年人养老需求及影响因素调查》,《海南医学》2016年7月第27卷第14期。——编者注

在记忆里，存着和老人温暖相处的一件事，放在脑海的陈列架里，摆到和初恋故事的同一个架上。

说不定，还能变废为宝，帮我们解压呢。

13. 鸡生蛋？蛋生鸡？

生理和心理是毛鸡蛋，壳里就有鸡，蛋鸡一体。

值夜班的时候，护士把我叫起来，让我给她量血压。我说这是你的事啊，她说自己没法给自己量，我心想你这三半夜的，犯什么毛病。

但鉴于老护士是小大夫的天敌，我敢怒不敢言。一量，血压还真是高，我看她脸色苍白，问："你头疼不？"她长叹一口气，说："差点死了。"

"咋了这是？"我问她。

她心有余悸地告诉我，刚才她在办公室正处理那些医嘱，头埋在交班本堆里，突然感觉头顶上光暗了，心想哪来的阴影，就想抬头看看。这不抬头还好，刚抬起来，就看见一个头，半边脸被长头发遮着，半边脸露着，都快和她的脸贴上了。一秒钟的时间，恐怖片里贞子从电视机里爬出来的画面就像电光火石一样在她脑海里闪了一千遍，她说："当时，我就是感觉血液都凝固了,浑身根本动不了。"

"然后呢?"我问她。

"然后,那个人就问我:'护士,几点了?'"

"那个人是哪儿的?"

"陪床的病人家属,刚洗完澡,近视眼,看不清,就贴过来看我。"

是挺吓人的,想想如果是我,我也得血压升高。

因为遇到突发状况,人处于应激状态,身体紧急分泌肾上腺素,血压升高、心率加快,准备撒腿就跑,或者冲上去就干仗,这是进化来的结果,是恐惧心理引起生理变化最好的证据。

这么看来,心理是鸡,生理是蛋。

病房里住了一位画家,七十多了,最擅长画老虎。据说他画的老虎,挂在墙上,能吓得狗哆嗦。但是后来就不行了,老虎画不了,只能画驴。

一检查,发现是白内障,因为画家看不清楚,老虎皮毛颜色比较复杂,拿墨水三下两下勾个驴还行。老画家心里堵得慌,天天不高兴,和老伴干嘴仗。一会儿嫌老伴做的饭不好吃,一会儿嫌家里吵得慌。老伴也不高兴,就去找儿媳妇毛病,儿媳妇受了气,就去欺负画家儿子,儿子天天挨骂,就去揍孙子,孙子挨了揍,就去找爷爷,爷爷更不高兴了,就接着画驴。

用他老伴的话来说,家里到处都是驴。

后来，画家的白内障手术做好了，视力恢复了，又开始画老虎了。老伴做的饭，也顾不上说好吃不好吃了，随便对付两口就得了，老伴气顺了，也不嫌弃儿媳妇了，儿媳妇对儿子也好了，儿子看孙子也顺眼了。这一家子，就因为白内障治好了这件事，全没脾气了。

这么看来，生理是鸡，心理是蛋。

眼科还有一种病，大家应该都听过——青光眼。

按照以前的说法，青光眼也叫绿内障，得了这种病的人，看灯的时候，感觉灯的周围有红绿色光环，这种病的主要原因就是眼压高，眼珠子胀得难受，如果太严重了，还会伴随着头疼。就算是眼压高得没那么严重的，不知不觉地，温水煮青蛙，视野也慢慢越来越小，余光消失。青光眼是眼科主要的致盲性眼病之一，是很可怕的。

更可怕的是，这种病不只眼睛难受，因为有的是基因变异导致的，性格和心理也有变化，属于心理和生理疾病。

姚总的爱人付老师就是青光眼老患者。坐一桌吃饭的时候，大伙儿聊天，关心地问付老师眼睛怎么样。

"三十多那会儿，眼睛就不行了，老是眼珠子胀头疼，恨不得把眼珠子抠出来，扔到窗户外头去。"付老师说话就和放机关枪似的，特快。

"这么严重啊？那还怎么上班啊？怎么治的呢？"众人既关

切又好奇。

"还上什么班啊,我就和单位领导说,我上不了班了,领导还说,要不先治着,治好了接着回来。我说绝不回来,上班更难受。"

不等别人接茬,她接着说:"领导还问呢,说不上班,你没钱怎么养活家啊。我就和他说,放心,我要饭也不打你们家门前过。"

"那老姚对你挺好的,让你在家安心养病。"

付老师一摆手:"他不知道,我没和他说。他过了好几个月才问我,说你这天天到处逛荡,看人遛鸟牵狗的,单位没事找你啊?我就和他说,我把工作辞了。"

众人目光转向姚总,姚总低头喝了一口汤:"能告诉我就不错了。"

典型的青光眼性格有两种——强势,或者絮叨。前一种气质,适合当老板,瞪眼批评员工,员工大气都不敢出,就算想还嘴,一般也接不上茬;后一种气质,适合做媒人,能把你家门槛跑断,一杯水能聊一天,这个不行换那个,直到你找到对象为止。

这么看来,生理和心理是毛鸡蛋,壳里就有鸡,蛋鸡一体。

我们常常会把生理和心理分开,把身体上的疾病看作肉体疾病,认为值得同情和帮助;而心理上和性格上的异常,就归咎于人的问题，甚至上纲上线，把人定义为好人和坏人。动不动就说："这人怎么这样？"

同情抑郁症朋友的时候，也只是说："有什么可抑郁的，不愁吃，不愁穿，工作省心、老公放心。"不能理解为什么抑郁症朋友各方面条件都不错，还郁郁寡欢、心境低落，会觉得他们矫情，而并没有意识到抑郁症是一种病，需要药物治疗。

对人如此，对自己又何尝不是如此。熬夜加班，心情烦躁，回来和父母吵架、和爱人拌嘴，摔锅摔碗，转过头第二天，就认定自己没有修养，认为自己不好，其实就是吃些甜点、提升血糖，睡一个好觉的事。

之前有记者问我，为什么要在诊室门口放上免费的面包和水，让病人自取。我告诉记者，这纯属是我"自私"的做法，病人等了那么久，到了六七点钟，血糖肯定低，看诊的时候肯定消停不了，得撒出气来。让他们吃点面包，血糖上来了，气也就顺了。当然，我自个儿也得加餐，要不然我也容易"炸"。

生理问题，显而易见，皮肤、肌肉、血管、骨头等出现异常的话，要么肉眼直接就可见，要么借助核磁、CT（computerized tomography，计算机层析成像仪）、超声等各种仪器，可以发现异常，一旦有了肉眼可见的病由，疾病就变成了我们的公敌，否则，病人常就只会被认为"有病"。

白塞氏病——一种多系统多器官受累的自身免疫性疾病，可以引起眼睛发炎，导致视力下降，也可以引起口腔溃疡、阴部溃疡，还可以引起皮肤改变、长红疙瘩，手指甲划一下皮肤，就出一道红印子，像一道血线凸出来，因为神经系统受累，精神上也可能出现恍惚不安的情况。这种病在《金匮要略·百合狐惑阴阳毒篇》就被描述为："狐惑之为病，状如伤寒，默默欲眠，目不得闭，卧起不安。蚀于喉为惑，蚀于阴为狐。不欲饮食，恶闻食臭，其面目乍赤、乍黑、乍白，蚀于上部则声嗄，甘草泻心汤主之。"因为那时对免疫系统的认识处于空白时期，所以就只能把这样一个全身上下都出问题、不好解释的病称为"狐惑病"，只能用人被狐狸精迷惑了来解释。

割裂地对待生理和心理的背后，也是客观和主观的扭曲折射。大多数人习惯于把"看见的"当作客观，"看不见的"就认为不客观，这种做法其实害人不浅。今天我们所习以为常的客观事物——空气、电磁波、次声波、射线，在漫长的历史长河中都不曾被"看见"。对于自身和他人情绪的解读，也应带有客观冷静的态度，而不是直接扣帽子上升到人品问题的层面。

中世纪的欧洲，出于对女巫的过度恐惧，造成了对女巫的持续迫害，甚至体形偏瘦的女性也都统统被认为是女巫，被处以烧死这样的极刑。更荒唐的是，由于认为猫是女巫的随从，所以屠杀猫以致使猫近乎灭绝，老鼠便繁殖起来，引发了鼠疫，欧洲有近2500万人因此而丧生。这是大自然对于人类以主观判断扭曲客观事实的一种惩罚。

越来越多的心理、性格、情绪问题,被发现有生理、基因、机体原因。当我们发现,看似是人的问题的背后,其实有客观因素在起作用时,就不会轻易怪罪别人,也不会轻易惩罚自己,更不会轻易把结论引向误区。

14. 跨越绝望瀑布

我感谢我的勇气，让我打开了那扇门。我一直认为，人在濒死的时候，会有特殊的体验。我得到了一次选择。

那一年，我陪着来自德国的教授夫妇一起去往内蒙古最西部，沙漠中的绿洲——额济纳旗。

教授是德国人，师母是印度人。我们从呼和浩特坐火车去，要花一晚上的时间。于是，大家在火车上聊天。学术上的正经事不适合聊，聊天自然要挑有趣的话题。

教授分享了他的贵族血统故事，我分享了江西南城老家的神话传说——麻姑献寿，这期间穿插着教授和师母之间的拌嘴——关于德法之间的恩恩怨怨。很显然，师母是支持法国的。大家的兴致逐渐高涨。师母于是顺势分享了她生命中的一段难忘经历，故事要从她姥姥家开始说起。

她从小是和姥姥一起长大的，和姥姥感情极好。这一点可能就像我和我奶奶一样，谁带大的就和谁亲。或许还有一个原因，老人和孩子都是家庭中的弱势个体，一个年迈体弱，一个年幼体弱,弱势者容易和弱势者成为朋友,因为共情和彼此需要。强势者觉得自己无所不能,一个人就可以主宰一切,从需求角度来看,并不需要朋友。

在师母上初中的时候,她姥姥因病去世了。我曾经看过一部印度电影《神秘巨星》(*Secret Superstar*),一个女孩喜欢唱歌,但父亲却不支持,母亲也因为畏惧父亲,所以不敢支持女儿的决定。当然,电影最后是以喜剧结尾的,母亲在女儿即将参加唱歌比赛的最后一刻,选择了和父亲离婚,坚定地支持女儿。文学作品表现的肯定是比较少见的情况。可想而知,大部分真实世界中的印度女性会选择隐忍和放弃理想。

师母是在法国留学期间认识德国教授的,后来又嫁给他。师母必定是能力很强并且很有理想的人,她失去了姥姥这个朋友,当然会很孤独,很难再从身边的亲人中获得肯定的支持——事实上,他们都希望她成为家庭妇女。

所以师母会格外思念姥姥。她起床的时候,会摸着身旁,希望如往常一样触碰到姥姥的身体,结果却是冰冷的床面;她刷牙的时候,仿佛会听到姥姥喊她快点,告诉她早饭已经准备好了;她打开衣柜的时候,里面还有姥姥的衣服,但是却再也没有人会穿。

思念成灾。

师母后来生了一场很重的病,用她自己的话来说,那是濒死的梦。因为生病的那些天,她一直精神恍惚,半梦半醒之间,她感觉自己在一条长长的黑暗走廊里行走,很久很久之后,她走到一扇黑色的门前,但她没有勇气去触摸那扇门。于是她苏醒了,然后再次在恍惚之间重复同样的梦,但结局同样是她伫立在那扇门前,不敢去了解门后是什么。

到后来,她感觉呼吸也困难,开始喘憋,恍惚之间又重复那个梦。她心想,反正也是要死,凭着自己内心那点坚持,她鼓足勇气推开了那扇门。

然后,师母就停了下来。我问她:"你看见了什么?"

她微笑着摇了摇头:"我不能说。"无论我怎么恳求,她坚决不肯。我看向德国教授,他也耸耸肩,表示无能为力。

但那之后,她的病就奇迹般地好转了。

她说:"我感谢我的勇气,让我打开了那扇门。我一直认为,人在濒死的时候,会有特殊的体验。我得到了一次选择。"

她还说后来也遇到过数个有濒死体验的人,尽管每个人的体验不尽相同,但共同点在于都需要做一次勇敢的选择。她认为这些人活过来的原因和选择有关,言下之意,选错了,生命就结束了,当然更谈不上和他人相遇再分享经历的可能。

置之死地而后生。师母的分享,多多少少带些神秘色彩。

在心理状态调整上,应该唯物还是唯心,教授和师母之间似乎起了纷争。

教授认为，应该讲科学。世界是由物质组成的，科学大旗迎风飘扬，一切问题最终都可以用客观规律解释，主观臆测最终都会被历史的车轮碾轧为迷信。

摆事实，讲道理。博学的教授讲了精神心理异常的最新客观研究——肠道菌群失调。

人的胃肠道里，生活着各种菌，细菌、真菌、古细菌等，这些菌还分好多门，如厚壁菌门、拟杆菌门、放线菌门和变形菌门。听起来有点像手持异形兵器的武功门派。这些菌一共有多少呢？大约有10^{13}—10^{14}个，是人体细胞总数的10倍。

这些不计其数的菌，可以产生和释放与情绪调节有关的神经活性物质。例如，γ-氨基丁酸、乙酰胆碱、去甲肾上腺素、5-羟色胺等。这些神经活性物质，有的能让大脑兴奋，有的能让大脑郁闷。

教授还提到一个名词概念，就是脑肠轴——大脑和肠道之间形成的一个轴承一样的链接，使二者互相影响。人心情波动的时候，肠道菌群会失调，肠道不舒服的时候，大脑也别想好过。

回来之后，我还上网查了查文献，发现国内也有人做过类似的研究。例如，在云南的一所高校，就发现南亚留学生的消化道菌群中乳酸杆菌属和双歧杆菌属较国内学生少，研究推测，可能是这两种菌的减少引起了宿主炎症反应，改变了神经递质代谢，增强了下丘脑-垂体-肾上腺轴（一个和体内激素分泌有关的调控轴）活性，伴随着脑源性神经营养因子（一种具有神经营养作用的蛋白质）水平下降，引发了神经系统功能紊乱，从而使人出现抑郁、焦虑的症状。[1]

可见这样的研究结果不只国外有，国内也能重复。看来教授所言不虚。

我低估了师母的水平。师母誓死捍卫"心病还需心药医"的观点，坚决和一切唯物质论、唯客观论做斗争。

师母以他们家养的狗为证据："亲爱的科学家老公，如果说情绪是微生物主导决定的话，我想问你，我们家的那只大狗金毛，为什么一听到你下班回家的声音，就兴奋地冲出去，对你舔了又舔；你不在家的时候，它就趴在那里无精打采。难道说你一回来，它肠道的菌群就变了？"

教授对这样致命性的质疑显然无法正面回应，但他不打算认输。他给出了一个听起来让人完全接受不了的证据：把抑郁症患者的粪便液注入老鼠体内后，老鼠也会抑郁。这叫粪便移植。后来我问消化科的同学，他们还真向我证实了，确实有这种疗法，还是人给人移植！

恶心之余，我还在思考，粪便移植是从上面灌，还是从下

---

[1] 李敏：《云南某高校南亚留学生、国内学生心理因素与消化道优势菌群相关性研究》，硕士学位论文，大理大学流行病与卫生统计学专业，2017年。——编者注

面灌？以前看武侠小说里，好像中毒的人，被灌黄汤催吐可以解毒，那是从上面灌的。除了黄汤，好像还有一种中药"人中白"，我也印象颇深，得上厕所去采集，网上解释说是尿的沉积物，也说有解毒的功效。听起来就让人受不了，我要是中毒了，情愿被毒死，也不要这样解毒。

眼看教授和师母就要撕破脸，大干一场。在千钧一发之际，我这个做学生的不能不出手救场。于是我赶紧插话。

"在中国古代，很多村子里都有神婆神父，遇到村里人生病，就拿草纸画符，然后念咒语，再把这张纸烧掉，用灰就着清水让人喝掉，以此给人治病。"

这是站唯心的立场。师母顿时觉得有了后援，精神为之一振。

但我也不能得罪教授，于是又补了一句："后来科学家发现，烧完纸的草灰里有很多粗纤维，有利于肠道蠕动和消化，也许是这个原因病才被治好了。"

教授大约是感觉这个哲学话题应该到此为止，便转向讨论政治话题，准备继续在德法之争的历史问题上捍卫自己的祖国。"70年前，可就是在火车上，法国签字，正式向德国投降。"

师母显然不打算买账："那怎么不说说第一次世界大战时，你祖先的成绩？"

"你推开的那扇门后，肯定是美食！"教授急了。

师母瞪了他一眼:"你全身所有的器官里,只有胃最爱国!"

过了一会儿,两人就开始讨论额济纳旗有什么好吃的。

你们看,濒死体验的时候,人慈心软;活过来之后,该怎么过还怎么过。

15. 病急乱投医

"怀疑"这只鸡,不可能下出"信任"的蛋。

学者刘擎指出,现代人拥有自由选择信仰和理想的权利,但这种自由可能成为沉重的负担。

从看病这件事便可见一二。在我爸和我小时候的年代,医生是比较好当的,因为缺医少药,病人也没有选择的机会。人的平均寿命短,病也不多,药物基本就是抗生素,恶性肿瘤之类的也治不了,所以要么就是"青霉素能治的病",要么就是"青霉素治不了的病"。病人只有"没有选择"的无奈,没有"选择"的纠结。现在就不一样了,医药科技如此发达,化学药物就有好几千种,分子靶向的生物药层出不穷,养生保健营养品琳琅满目,微创器械不断更新迭代,治疗方案之间的排列组合多如牛毛。

以前是病少药少,现在是病多药多。用白岩松老师的话来说,进入了患者赋权时代。医生只是提供建议,由患者自己选择,然后签字确认。常见的现象便是患者和家属要跑好几家医院，听不同专家的说法，然后会发现，专家们的说法不尽相同，于是便在网上搜索，打若干电话问亲属，最终选择一个"骑墙"的方案。整个过程充满疑问、纠结和痛苦。

有的患者实在没辙，就会问医生："如果你是我，你会怎么选择？"医生便会回答："如果我是你，我就自己做选择。"皮球又被踢回去。没办法，花钱和承担后果的是病人，主题是谁做主，谁负责。其实医生也感到闹心，有时比较简单的问题，在这个过程中变得复杂了。

看病以外，也充满选择的苦恼。高知分子一样难逃"想不明白"和"不会选择"之网。

我身边有一个一流院校的状元级学霸，是个男生，他毕业后去了一家比较清闲的企业，被单位同事带着，染上了炒股的毛病。先是加了聊天群，每天就在聊天群里看不知张三还是李四放出来的"消息股"，然后几个人线下分析讨论这些股票。成天讨论的不是基本面，就是K线图，热衷于从"消息股"中选股。他说，不讨论还好，天天讨论都晕了，而且就算是几个人达成共识，"一根'阳线'就改变信仰"。"那怎么办呢？"我问他。"我们学不能白上啊，学了编程，我们就自己开发高频操作软件，用软件炒股。计算机自动分析买进卖出，不用我们管。"这高科技炒股，还真是令人心动，人脑哪算得过电脑，用不了多久，世上的钱还不都得被他们赚光啦？"赚了很多吧？"我问他。"哪儿啊，都赔光啦！"

幸亏我这些年按着他，要不然他都要抵押房子去补仓。不过每次我俩讨论"究竟是选择重要，还是努力重要"时，他都还是坚定地认为选择更重要。

我想试图说服他："我不是说选择不重要。选择也重要，努力也重要，但是我们不可能在当下的时间节点，看得清楚未来，所以选择是没有把握的。"

他也想试图说服我："选择错误的方向，越努力越完蛋。我原来有个同事，在BP机（无线寻呼机）刚出来那会儿，选择做BP机，囤了很多货，借了不少钱，还贷了款，结果BP机不行了，手机很快出来了。他就完蛋了啊，借的钱现在还没还清。"

我不放弃："创业成功的企业家，基本都不是一次创业成功的，有的创业好几次，积累经验，最后一次成功啊。第一次选择错了，也不是就没有机会了。"

他从概率论的角度来反驳我："创业成功的企业家能有几个？大部分还是失败。能活过3年的企业，只有3%，最后能盈利活得不错的企业，也就1%。"

我也不服："那是因为他们后来放弃了，认命了，没有坚持到底的失败，也没有半途而废的成功。"

当然，我们是谁也说服不了谁的。所以到现在，基本上，他还是在选择的道路上观望，希望找到捷径，而我也在以他鄙夷的蜗牛一般的速度在医学雪山上攀行。

虽然我学术进步很快，但我没有实现他认为的成功标准——财务自由。当然他也没有。

不过，我们都没有想到的是，这几年，赶上了国家大力推动科技成果转化，我关于眼科检验的技术专利不断落地转化应用，未来实现财务自由的希望似乎比他大一些，至少照目前来看是这样。

总想在选择的时候选"最对"的，过程既痛苦，结局还令人失望。哪里会有完美的结局，总会有这样或那样不尽如人意之处，所以结果百分百是后悔。信息爆炸的时代，正的反的、左的右的，各种建议、各种声音围绕在我们身边，想从中挑选一个"最对"的，也许这个念头本身就是错的。

高瓴资本的掌舵人张磊说：追求大问题的模糊正确远比追求小问题的完美精确要重要得多。

回到看病这个话题上来。

对于常见病和多发病，因为有专家共识和指南，医生都是照着标准来的，多看几个同级别的医生，其实结果都差不多，病人只是图了个自己心里踏实。但对于疑难病、少见病和重症，多看几个医生，危害是极大的。因为对于这些疾病的治疗，并没有形成统一意见，常常是医生要观察一段时间病情的变化，边治边看边修正治疗方法，有些摸着石头过河的意思。如果反复穿梭在看不同专家的路上，没有将耐心和时间给到任何一位医生，结果就是自己孤身一人奋战在对抗疾病的前线。

我常和病人说的一段话就是：也许，张三医生的意见最后结果是80分；李四医生的意见最后结果是78分；王五医生的意见最后结果是82分，其实差不多。但如果总是希望从他们的意见中挑出一个最正确的，结果往往是自己混乱了，要么在不断看大夫的过程中遇到骗子；要么最后把自己变成裁判，把这些医生的意见综合起来，组合出一套适合自己的方案；即使是从一而终，选择了其中某一位医生的意见，但最后也常是不满意——因为从一开始心中就带着疑问和不信任，总能在结局中挑出毛病，以此来证实自己最初的选择不是"最对"的。

下面的这段对话，可能很多人会觉得熟悉。

"医生，你说我这个情况，最好的结果是什么？最坏的结果是什么？要花多少钱？做几次手术？"

"您这个病是慢性病，过程很长，就像是小孩上一年级，家长问老师，小孩高考最好上哪个大学，最差怎么样，根本没有办法回答。因为上学过程中的努力程度，学得怎么样，不是完全由老师决定的，老师能做到的只有和学生一起努力，去争取最好的结果。"

"大概呢？我就想知道大概。"

这种对话场景，对三甲医院的专家来说，每天都在进行。因为医生们会理解，坐在面前的这个患者，太想知道准确的答案，只有这样，才能在不同医生的答案中去做简单的对比。"张三专家说视力最好可以到0.5，李四专家说视力最好可以到0.4，我就选张三"；"王五专家说要做2—3次手术，赵六专家说要做3—4次手术，我就选王五"；"钱七专家说要花两万，贾八专家说要花一万五，我就选贾八"。对于这个患者，看病是一道选择题，选完答案，对了就是对了，错了就是错了。但看慢性病和疑难病恰恰是一张试卷，很多道题需要的不是挑医生，而是每次在和医生做选择的时候，让他可以放心地和你一起选择成功概率最高的那个选项——只有这样，整张试卷的分数才能更高。

看病的时候，很多患者坚定地相信"选择"比"努力"更重要，但作为医生的我，还是坚持自己的观点：选择重要，努力也重要。如果是慢性病和疑难病，努力更重要。那是不是就意味着要完全放弃"选择"呢？也不是，如果坐在面前的主治医师没有把握的话，听他的建议选择去上级医院，最好是请他帮你做选择。英国作家詹·豪厄尔说：选择朋友应当像选择阅读的书籍一样，一要谨慎，二要控制数量。在疑难病面前，我们选择的医生朋友是不是也应该控制数量呢？美国通用电气公司前董事长兼首席执行官杰克·韦尔奇更断定地认为：我们能做的就是把赌注押在我们所选择的人身上。

"怀疑"这只鸡,不可能下出"信任"的蛋。

面对选择时,放弃选"最对"的想法。如果经验和直觉够用,就把肯定错的那个去掉。

剩下的,怎么办呢?也有胡乱选的,例如我们科的"考霸"朱老师,逢考必过,无论考大学还是考研、选单位,甚至"选择老公的考试",她也以事实证明她在关键选择上总能成功。我们向她请教经验,她口吐真言:"三长一短选最短,三短一长选最长。看哪个顺眼就选哪个,就凭第一感觉。"朱老师老公偷偷和我们说:"她就是选哪个就信哪个,可不总选对嘛!"

选择失败,也是可以翻盘胜利的。例如从常青藤大学归国的王教授,她是生物学界冉冉升起的新星,在生物大分子基团修饰后的结构和功能改变上,做了不少开创性和引领性的工作。有一次吃饭时,她和我说起她上大一下学期的时候就抑郁了,我惊讶万分:"你这样的状元级学霸,怎么会抑郁呢?"她说她根本不喜欢生物学专业,上学的时候,整天就是去摘叶子、抓蝴蝶,一点都提不起兴趣。我问她专业是怎么选的。她说:"就是我爸洗车的时候,听见广播里有人说了一句,21世纪是生物的世纪。所以,就给我填了生物专业。"我又问她:"现在还抑郁吗?"王教授使劲摇头:"不了,现在可开心了。我后来发现我特别喜欢英语,尤其是生物英语,在国外的时候,老板说我是他见过的英语最好的外国人。别人论文投稿的时候,编辑一般都是说英文不够Native(地道),给我的评价却是太Flamboyant(花哨)了。""哦,英文能怎么花哨呢?""就是押头韵啊,句式来回倒装,定语套从句。读起来朗朗上口,就和写诗一样。"

敢情这个王教授,选择了挂生物的牌子,努力干"写诗"的事。

16. 自我催眠

用一个快乐的自我催眠,打败另一个自卑的自我催眠。

我打小就觉得催眠很神奇。

大学上完心理课，准备考试前答疑，女生们又照例开始套题，而且还有分工合作。紧挨着老师的女生发问："老师，您看这一页内容，需要重点掌握吗？"老师犹豫了一下，身后的女生在书上划拉一个大叉。前排女生又翻一页："老师，您看这一页内容呢？"老师说："还是要看一眼的。"后排女生划拉一个大钩。

然后换下一个女生。最终，几个女生基本掌握了考卷内容。满意而去。

终于，轮到我了。我问老师："催眠是真的吗？"

老师说："当然是真的，但不是谁都能催得着。"

我又问："那特别厉害的催眠大师呢？"在我印象里，催眠大师都不用掏出怀表，一个动作，人直接就晕了。

老师迟疑了一下，半开玩笑半认真地说："再厉害的催眠大师，催我都催不着。"

那次心理考试，几个女生接近满分，我在及格边缘。复习的时间，我基本都用去查催眠的资料了。但催眠不属于考试内容。

为了弥补遗憾，我在参加临床工作的20年后，专门缴费报名，上了一次催眠培训班，正规的那种。

也许有人会说，还有不正规的？当然，有的假冒催眠大师为了糊弄人，表演催眠青蛙，把青蛙肚皮朝上放在桌面上，按住几秒钟，然后再小心地挪开手，青蛙会保持刚才的姿势，特别滑稽。要结束"催眠"的时候，打个响指，再快速把青蛙翻转成正常姿势，它就会重新跳来跳去。其实这和催眠没什么关系，只是将动物的一些生理上的假死反应呈现出了戏剧化的效果而已。

正规的培训老师先是给我们上理论课，于是我们知道了催眠其实不是让人睡着了，只是通过一些方法和仪式，把大部分分散的感官注意力屏蔽，集中到一个点上。

然后老师让大家看着墙上的时钟，一会儿看时针，一会儿看分针，一会儿看秒针，过一会儿我们就晕了。

她再乘胜追击，让大家闭上眼开始放松。先从脑门顶上开始放松，接着是耳朵放松，然后是眼睛放松，一路下来，最后是脚放松。之后再来一遍，人就彻底放松了。

接下来伴随着舒缓的音乐，老师用语言描述带领我们，走过一条森林中间的路,到达一片湖。她告诉我们湖边有棵树,树上有红色的果子,摘下果子,吃下去就会感到力量无限。

据视频显示,在场的学员都举起了手,去虚空中摘果子了。

我们集体被成功催眠。

学以致用,像我这样品学兼优的学生,不可能不把所学的知识用到实践中治病救人。

例如来自天津的大学生韩某,眼睛视网膜脱离了,我反复检查,没能发现病因。但是和他面对着坐五分钟,答案就揭晓了。他冷不丁地就得激灵地抖一下头,两个90度,从直立位向右肩倾斜,然后迅速从右肩回到直立位。

他爸说话了,肯定是自个儿抖得视网膜脱离了。

我问他爸,孩子什么时候开始这样的。他爸说,他小时候不这样,有一次,串远门走亲戚,亲戚家的一个碎嘴婆子大姑妈,说这孩子长得漂亮,要是跳那种新疆扭脖子舞肯定好看。这孩子当时就配合得扭了几下,大人们都夸。

回来慢慢地就和中邪了一样,没事总要动动脖子。小韩自己说,一开始也想控制,尽量忍着,忍着忍着就想来个大的,结果就变成现在这样了。

我突然想起以前认识的那个"大烟枪",他也是说一开始想戒烟来着,结果忍个半天之后,就得连抽两根,这就是报复性反弹。

要是不治好抖脖子的话，眼底的视网膜脱离就算治好了也还是会复发。

他爸一听说可以试试治疗他儿子的抖脖子，高兴坏了。

我把他带到催眠老师那里，催眠老师说情况比较严重，让他躺着，不让他坐着。然后放轻音乐，重点引导放松头颈部。老师引导他说，脖子那边有个紧箍咒，树上挂着金光闪闪的钥匙，可以解开这个箍儿。

之后他又做了几次催眠。我再见他的时候，他的脖子不抖了，他爸在他身后给我做手势，暗示我别说抖脖子的事，万一我不慎提醒，保不齐又复发了。

还有一个来自新疆的初中女孩，每次见她的时候，她都低着头，半天吐不出几个词。她妈说她有一次上课回答问题，被同学嘲笑了之后，她就变得内向自卑。催眠老师考虑到她路途遥远，就教了她一套"功法"，让她自己在家放音乐，跟着录音的指挥从头到脚地放松，然后吃完树上的果子就变得充满力量，充满自信。

再见到她的时候，她笑靥如花，说："陶医生，到过新疆吗？我们那里早穿皮袄午穿纱，围着火炉吃西瓜，可好玩了，邀请你去啊。"又说："火焰山到过没，《西游记》里的火焰山，想不想看看？"还说："哈密瓜特别甜，新鲜的好吃。

"葡萄也特别多，吃不完就晒干做葡萄干。

"我们那里的女孩子可爱跳舞了。

"我当上了班上的宣传委员,出的黑板报可好看了。"

…………

我都插不上嘴,真想问问催眠老师,这药量太大了,有没有办法调回来点。

科里有个志愿者,参加了我们和红十字基金会联合举办的彩虹志愿服务队之北京朝阳医院光明天使项目,她本来是要去英国留学的,已经拿到了offer(录取通知),因为疫情耽误了。

这个志愿者是个好孩子,人特别热心,看见老弱病残来了,都主动迎上前去,端茶倒水,还帮助挂号、引导就诊。她多才多艺,会拉小提琴,有时带着小提琴到医院来,拉给等候的患者听,效果很好,乱哄哄的"菜市场"顿时变成高大上的"音乐厅"。

眼看疫情差不多控制住了,这孩子该出国了,我们都祝她一路平安,她单独找了我一趟。

"陶主任,我想向您请教一个问题。"她说。

"什么问题?"

"我现在有点害怕出国。"

"怕'新冠'吗?是得小心点,先把疫苗打了吧,到哪儿都戴着口罩,少去人多的地方。"

"不是,我想问您,您在德国那会儿,住的地方有蟑螂吗？"

这完全出乎我的意料，对从南方潮湿小镇出来的我来说，蟑螂就像空气里的氮气，是自然而然的存在。但对城市长大的女生，蟑螂也许就像空气里的一氧化碳，会让人窒息。

"有多害怕蟑螂？"我颇有些不解。

"一看见就浑身起鸡皮疙瘩，毛骨悚然，要恶心呕吐。"

我突然想起来，科里有个年轻护士，对老鼠的惧怕也是类似的程度。但是，自打我告诉这位护士，老鼠看见人的时候，比人害怕老鼠的程度还要严重，她就好多了。

"所以，你是想问问我有没有什么办法可以让你不那么害怕蟑螂？"

"是啊。"她带着祈求的眼神看着我。

真心不理解为什么现在的"00后"会希望一个眼科医生来帮助解决这种问题，心理科医生估计都不会接诊——这应该不属于疾病。

我当时有点想建议她去上那种"打鸡血"班。我身边有个认识20年的好友，总是痛恨自己太颓废，花了好几万上完那种培训班之后，整个人变得特别积极，更加热爱生活。表现出来的形式是迅速把原来犹豫不决的拉皮手术做了，拉皮就是从脑袋顶上开条缝，把皮肤往上拽，这样就能减少皱纹，然后又去植发。他变得积极之后还养成了健身的好习惯，但由于只爱做器械训练肌肉，不爱做有氧减脂，同时他也管不住嘴，最后练成了一个大伙形容的"金刚芭比"的造型。但开心就好，他说，上完了"打鸡血"班，他做事更果断了，不再前怕狼后怕虎，不再那么在乎别人的言语了。

话到嘴边，我又咽回去了，意识到"打鸡血"班似乎并不适合这个志愿者，因为问题不一样。而且听老友说，"打鸡血"班会想办法让学员亢奋，就像打了鸡血一样，采取一些偏激进的方式。例如，让你阐述观点，然后几个人表扬你，极致地表扬，让你飘飘然，另几个人讽刺你，疯狂地挖苦，让你羞羞然。据说这样是为了模拟真实，放大真实。我担心那么年轻的志愿者恐怕上不了这种适合皮糙肉厚的成年人的班，何况这个班收费很贵。

"这样吧，我们开始一段联想。蟑螂喜欢什么？"我问她。

"食物。"

"食物的残渣，对吧？"

"对。"

"你喜欢收拾家，打扫卫生吗？"

"喜欢。"

"讨厌食物残渣到处都是的脏兮兮的家，对吗？"

"是的。"

"好，蟑螂吃完了食物残渣，会怎么样？"

"干净了，食物残渣没了。"

"喜欢一个干净的地面，对吗？"

"是的。"

"那好，以后一看见蟑螂，就马上联想起干净的地面，光滑如镜，把这个联想建立强相关，而且要快速，多想几次，就像'老鼠爱大米'那样，看见老鼠就想起大米，这样就不会那么难受了。"

过了几个月，志愿者告诉我，她照这个方法去做了，真的很有效果，对蟑螂的反应没那么大了，慢慢地可以平静处理。不过，因为对"老鼠爱大米"这句话印象颇深，以至于实际情况下，她一看见蟑螂，想起的是"老鼠爱大米"，但效果也一样。

当然，这病不能白治，我对她提出了要求，写一篇小论文。四个月之后，《音乐在医疗中的作用及其引入形式探讨——红十字彩虹志愿服务队之北京朝阳医院光明天使项目》被《中国医学人文》杂志刊登了。

用一个快乐的自我催眠，打败另一个自卑的自我催眠。是不是挺厉害？

17. 都是多巴胺惹的祸

多巴胺一增加,人就得到奖赏,想不开心都做不到。

现在大家都习惯看电子书。地铁里，公交车上，掏出手机，打开App（application，应用程序），就可以看小说。

以前只有纸质书的时候，经典的阅读方式是手指蘸点口水，粘着翻书。如果翻一页书的同时，顺带着摇头晃脑，那就更经典了。我常怀疑，这是一种因为习惯而建立起来的条件反射，抑或是大脑的奖赏机制。

早在1954年，两个老外——奥尔兹和米尔纳——设计了一个实验，异想天开地让大鼠去按压一个按钮，然后大鼠就会被电一下，还不是电一般的部位，而是电大脑中的特定部位。结果非常有意思，他们发现大鼠没事就反复按压按钮，去享受电刺激。

大鼠就一直按，一直按，按到死为止！！！

连死前都挂着满足的微笑。

人，也是一样的，也享受这种奖赏机制带来的快感。

那些没事老啃手指头的，进电梯动不动就照镜子的，兜里总带着打火机随时准备吞云吐雾的，闲着的时候喜欢张罗人喝两杯的，都别嘲笑老鼠。

老祖宗早就说过：食色，性也。

美食带给人的开心，其实就是食物奖赏，而"色"带给人的就是性奖赏。那些科学家又惨绝人寰地设计实验，把雄鼠放在铁笼子外面，当雄鼠隔着铁丝网看见发情期的雌鼠时，脑子里的多巴胺释放明显增加。

多巴胺一增加，人就得到奖赏，想不开心都做不到。海洋馆里，海豚动作一做对了，饲养员就给喂小鱼小虾；马戏团里，猴子一立个杆，饲养员就给喂个枣，其实是一回事，都是利用奖赏机制。

奖赏机制包括三个组成部分：情绪上的喜爱，行为上的动机，还有通过联想学习和条件化反应的强化而形成的牢固记忆。听起来有点绕，大致就是说奖赏会体现在瞬时的表现上和长期的记忆上。体现在你脸上的就是乐，体现在你脑子里的就是想。没事老想着乐。

奖赏系统存在于中枢神经系统内，该系统主要涉及中脑腹侧被盖区、伏核、杏仁核、下丘脑的弓状核、中脑导水管周围灰质等脑区，其外延部分包括前额叶皮层、海马等与情绪、学习和记忆密切相关的脑区。我知道这段文字太过学术，看不懂、记不住也没有任何关系,大家知道大脑很复杂就可以了。我们能够认识到,大脑内存在多个区域,它们相互联系,构成一个复杂的系统,介导奖赏相关的行为和情绪,这就够了。

讨厌之处在于,多巴胺就那么多,不能没完没了地释放。奖赏完了之后,就该耐受了,下回得找更强烈的刺激,才能一样开心。而且,不开心的时候,老想着得到"赏"——这其实就是"罚"。

在现实生活这本丰富多彩的书里,我们经常得到"赏"。

可乐,甜甜的,好喝——"赏"!

迪厅,喝点酒,摇头晃脑,解压——"赏"!

短视频,看完咯咯一乐,开心——"赏"!

玩游戏、下棋、打牌——"赏"!"赏"!"赏"!

当然,也有人更高级,谈恋爱、炒股、玩极限运动。

可是,赏得多,罚也重。

可乐喝多了试试?我就亲眼见过一个体重120斤的标准身材的小伙子,仅仅一年的时间就变成了200斤的相扑体型。

短视频看多了试试?一天到晚,手机离不了手,注意力集中不了,眼睛还视疲劳,脖子闹颈椎病。

酒喝多了就更闹心了,酒精性肝硬化在前面等着你。

得到"赏"后念念不忘,理智又克制自己不能成瘾,实在是煎熬。

西毒欧阳锋，逆练九阴真经后，也成了绝顶高手，但代价就是自己也疯疯癫癫了，先"赏"后"罚"，"赏""罚"并重。

每个人的人生都如同一片海洋，我们都在大海里畅游。大海里有很多美丽的浪花，尽管这种美好的感觉短暂易逝，如浪花本身，消失后便是泡沫，但每一朵浪花仍吸引着众多人为之沉醉，享受浪花带来的美好感觉。如果不保留一点清醒，这些浪花就会成为美杜莎的头颅，让人石化，迷失在海洋深处。

有时候，看似痛苦的事情，似乎也可能带来兴奋和刺激。上初中那会儿，我的同桌是一个女生，就喜欢拿圆规上的针尖在自己手臂背面刺，我问过她为什么那样做，她说当时疼一下，但不这么做就好像心里少了点什么，会惦记那种感觉。多年以后，我在家乡的街头偶遇这个女生，她当时已为人妇，说起那段经历，她直摇头，觉得长大了回头看，都无法理解当时的做法。

世上的"怪癖赏"各种各样，不少是集中在孩童时期的。作为眼科医生，常听到的是家长抱怨说孩子爱眨眼，到不少医院看，有的说是发炎，有的说是过敏，用了眼药水也不见好。结果发展着发展着，孩子就开始挤眉毛、咧嘴巴，时不时地还说几句脏话，到儿科医生那里一检查，竟成了抽动秽语综合征。

眨眼、口角抽动、伸颈、甩头及身体其他某处肌肉抽动和（或）清嗓、怪叫、陈述秽语等喉间发声是抽动秽语综合征的主要临床症状，有人是不是也见过身边孩子有这样类似的表现？是不是看着都替他们难受、心烦？

还记得那该死的多巴胺吗？研究显示，神经系统兴奋物质多巴胺活动异常增加、多巴胺受体超敏或者去甲肾上腺素功能失调等与抽动症状密切相关。

都是多巴胺惹的祸。

大人也可能享受疼痛，遭遇"怪癖赏"。我在德国留学期间，眼科有位进修生，女性，30多岁了，就喜欢拔手指甲边上的皮刺（俗称倒刺），有时还会出血，但她就享受那种难受一下的过程，虽然包括我在内的人都无法理解，看着都替她疼一下。还有虐恋（sadomasochism，缩写为SM，其中S代表Sadism，指施虐者；M代表Masochism，指受虐者）。性学者亨特调查35岁以下人群，发现有10%的男性和8%的女性在性活动中可以从施虐行为中得到快感；而性学者努宾在对975人调查后发现，有25%的人报告在性活动中有施虐和受虐行为。当然，轻度的SM属于可接受的范围，但严重的可以恶劣到造成连环杀人案。

我曾经认识一个大导演，说出名字来大家可能都认识。他对我说，很多演员入戏太深，结果外人看来就有些不正常。我问他，那导演呢？他说，导演一般都没事，导演也看剧本，但是是俯视，从更高的角度去审视人物关系、剧情起伏，演员是躬身入戏，剧本就像牵着木偶的线，把演员绑上了。

容易受害的也不止演员。因为角色讨喜，粉丝们看完剧之后，就把演员和剧中的角色彻底关联起来了，从欣赏戏剧变成了追慕明星。我上高中那会儿，报纸上曾经报道一个女粉丝，和香港的一位明星在活动上握了一下手，就晕过去了，而被握的那只手，保持好几个月都不洗，以至于家长都忍受不了她。现在的粉丝可能疯狂程度比之前的要有过之而无不及。

生活本身就是一本书——笑忘书，一会儿让你笑一笑、乐一乐，一会儿又让你乐不起来，都忘了为什么笑。但是如果不蘸点忘情水去翻这本书，那可就像被喂了枣的猴子，只能享受被给枣那会儿带来的短暂快乐，完事后就是难受、空虚、寂寞、抑郁、烦躁。

大家要是蘸上忘情水，像导演一样去看生活这本书呢？

我想，大概是像台底下看猴子表演的观众，也开心，但不至于把自己变成猴子。

18. 犯不着理解

理解不了,完全理解不了。"聪明哥"觉得应该是很容易做到的事情,"口吃哥"却死活拗不过来。

我老婆姓范,我称她为"范姐",她的口头禅是"犯(范)不着理解(姐)"。

我们俩有个共同的朋友,是打小就认识的那种。上学期间,他表现出了不同寻常的聪明,老师刚在黑板上把问题写出来,他就能快速地给出答案,一骑绝尘,留下张口结舌的我们。考试也基本不用复习就能考前几名,参加数学竞赛成绩还优异。

听说,他爸妈常为了争着去开家长会而吵架。

后来我们都习惯了,把他划到非正常人类的那个范畴。初二的时候,小镇上来了个转学生,外地的,有口吃的习惯,说话总是说完一个字,然后停顿半天,再吐出下一个字,其间还得挤眉弄眼,我们看着他也挺痛苦的。我们的朋友"聪明哥",心地善良,看着"口吃哥"的痛苦,特别想帮他,总劝:

"干吗这样啊,慢慢说,不着急。"

"别总嘴里含着枣似的，舌头打直喽，打直了说话。"

"能急死谁，气理顺，理顺，深呼吸，深呼吸。"

无论这个"聪明哥"如何苦口婆心，如何帮助，"口吃哥"还是老样子，甚至，还因为紧张更严重了。

理解不了，完全理解不了。"聪明哥"觉得应该是很容易做到的事情，"口吃哥"却死活拗不过来。

接下来的事态，出乎所有人的意料。这个"聪明哥"，就像是遇到了一个难解的题，拿出了誓不放弃的劲儿，正赶上那会儿电视里林平之为了哄灵珊喝药，自己先喝为敬。"聪明哥"也灵机一动，开始学"口吃哥"说话，各种模仿。本意是自己先学口吃，然后亲身找到一条克服口吃的方法，再用这套方法帮助"口吃哥"。

聪明人就是聪明人，学什么都快，没过多久，就青出于蓝了。

我们眼睁睁地看着好朋友从说话就和蹦豆子一样的利索状态，变成了说两个字就像喉咙口梗了一个枣核一样，憋得面红耳赤。

只是，口吃就像沼泽，进去容易出来难。多少年过去了，直到现在，我们都到了不惑之年，他还是那样。

在这期间，听说他父母还带他到大城市治疗，但也没什么效果。因为口吃，他多少还是有些自卑，学习成绩也没有之前那么优秀了。

因为害怕自己的孩子也会学样,很多家长都非常担心,老师也三番四次和大家强调,不许去学。

和我家范姐聊起这件事,我问她爸妈那会儿担不担心,姐说:"看来,有时候缺点也是优点。打小爸妈就觉得我什么事都不上心、不在线。这有样学样的事,我爸妈倒是省心了。"

有很多事情,当时的我们不一定能理解。想不透的原因有很多,例如:

一、事情本身是正常的,只是我们受年龄、阅历所限,我们当时不能理解的事,也许后来就理解了,但当时就是死活想不通。因为我们的阅历积累需要时间。小时候,拿着路边捡来的竹棍,说自己是丐帮弟子,打打杀杀,甚至入戏太深,一帮孩子就想着去流浪和要饭。回过头来,去看我们自己在不同年龄段时的所作所为,也常会啼笑皆非。

二、事情是病态的,大多数正常人本就应该理解不了。曾经去一个沙漠旁边的村庄旅游。导游告诉我们,古时候,这个村子有个特殊的职业——小偷,而且是世袭,必须得有一家人世代做小偷,隔三岔五去隔壁村子牵一头牛、顺一头羊,村子里的人不仅不反对,反而还要养着这家小偷。也许在那个年代,村庄之间有一些冲突矛盾,也许还有特殊的历史原因,但以今天的伦理,我们大多数人的价值观就是不应该接受这种逻辑。

三、人群本身就是多样性的，事情处于说不清楚是对还是错的模糊地带。公交车上，有人脚被踩了，大多数人会说"没关系"，但也有人会说"你应该向我道歉"，前者宽容度高，后者维权意识强，后者不能理解前者为什么事事忍让，前者不能理解后者为什么咄咄逼人。

但很多人一个习惯性的做法是，因为不理解而拿出啃硬骨头的精神，绝不放弃，非得亲身尝试，躬身入局。想着要改变对方，把对方的"理"拧顺成自己认为正确的"理"。有菩萨的心，也得有菩萨的本事，否则就成了无谓牺牲。也有的人，无法拧顺对方的"理"，就想着纠集一群人，灭掉"邪理""外道"，结果灭人的过程中，自己戾气满身，天天吃不香、睡不着。

科学家的执着精神，放在工作上，可能成绩优异，但对待生活，则可能头破血流。

何况，钻牛角尖、钻死胡同，非得把想不通的理搞通的劲儿，即使被用在工作上，也不见得就一定能成功。有一次，一位很有名的投资人请客，席间还有个创业的年轻人，年轻人说到他创业的一个方向，国内国外都没有其他人做，但他就觉得市场很大，所以就要证明他的想法是对的，因而创业。投资人对他的勇气表示赞赏，但也明确表示，这种项目他不会去投。投资人说他只投他能理解的项目，他理解不了的项目，也许有可能成功，但他不会去赌这种小概率事件,更不会去想办法把这种项目弄成功。

人的时间和精力是要讲投入和产出的性价比的。

也许有人要说,难道遇到我们想不明白的事,都得绕道走吗?

我的看法是,对于技术性和关于科学的事情,对于探索大自然的事情,应该持之以恒,坚持到底。

而和人有关的事情,或要和人讲的"理",想不明白就想不明白。

裘法祖院士说过:做人要知足,做事要知不足,做学问要不知足。

女儿看的动画片,鸡飞狗跳,既无剧情,又无逻辑,她却乐得咯咯的,看得非常投入。不可理解。

女儿看我,整天对着电脑写论文,脏衣服东扔一件,西扔一件,脏袜子东扔一只,西丢一只,从不看电视。不可理解。

范姐说,犯不着理解。

19.「节能」「减耗」

因为眼睛要节能,会导致近视;因为大脑要节能,会形成短视。

年轻的时候，人的眼睛之所以能看远看近、随心所欲，是因为眼睛里有一块肌肉——睫状肌。看远的时候，这块肌肉放松，软绵绵的；看近的时候，这块肌肉赶紧收缩，硬邦邦的。

老花眼，就是因为岁数大了之后，这块肌肉收缩不动了，所以只能看远处，看不清近处了。

人眼的近视，分假性近视和真性近视两种。

假性近视，指的是睫状肌这块肌肉，因为看近处有点多，累了，肌肉痉挛，闹情绪了。就和打羽毛球时间长了，游泳时间长了一样，肌肉抽筋。缓一缓，歇几天，还能缓过来。近视就又消失了。那些去按摩店按摩、贴眼贴就能好的近视，都是假性近视。

真性近视，指的是睫状肌僵硬了，看近处的用眼强度太大，时间太长，就像健美运动员似的，肌肉已经成一块一块疙瘩状了，就算很长时间不健身，肌肉块还是比正常人发达。睫状肌总是处在僵硬的收缩状态，眼睛一直保持着看近处的状态，这就是真性近视。真性近视不会自己好，还得戴眼镜、做手术才能得到矫正。

我们的眼睛为什么要近视？

为了"节能"！

睫状肌每次收缩的时候，都要消耗能量——一种名叫三磷酸腺苷（Adenosine Triphosphate，缩写为ATP）的辅酶。当我们的眼睛总是看近处，睫状肌老消耗能量的时候，我们的大脑就会从减少能耗的角度出发，直接把睫状肌固定调成收缩的硬化状态，这样看近处就不用费劲了。

我们的身体怎么那么抠门？这点能量还得节省下来？

其实身体也没辙。远古时候，我们的祖先在冰天雪地里找不到食物来源，谁能保存能量谁才能活下来。大约5亿年前，地质学上称为寒武纪的开始，绝大多数无脊椎动物（节肢动物、腕足动物、软体动物、环节动物等）就像是约好了一样，在几百万年的时间内，几乎是"同时""突然"集体在寒武纪地层中亮相。但在寒武纪之前更为古老的地层中，长期以来却找不到动物化石。遗传学的祖师爷达尔文也在《物种起源》的著作中提到了这一让他深感困惑的事实，这也被称为古生物学和地质学上的一大悬案——寒武纪生命大爆发。

这么多生命构成的繁荣景象的背后却是食物匮乏，想要在这样残酷的环境中站稳脚跟，可不是得"顺应天意"地"设计"出节能的器官。不只眼睛，其他器官，甚至连心理，也是要遵循节能规则的。当我们在兴致勃勃地去健身房"撸铁"的路上，大腿会不自觉地迈向通往健身房的电梯，而不是楼梯；当我们晚上睡觉的时候，会盖上毯子保暖，而不是任由身体散发热量；当我们看见能量高的食物——甜品、油炸食品的时候，我们会忍不住地想吃，因为我们想把更多的能量储存进自己的身体。

我们的大脑虽然没有缺衣少食、饥寒交迫、缺乏能量的记忆，但我们的身体里有，基因库里的程序都替你记着。这些记忆就像父母的碎碎念，你需不需要，它总在那里，就像惯性一样，拉扯着你。

储存身体记忆，形成节能模式，对于适应大自然的环境，是有必要的。

但对于现代生活和工作节奏，这些来自远古的记忆未必都是好的。回到"近视"这个话题上，为了节省睫状肌的耗能而出现的近视眼，就不是我们喜欢的，不仅是因为戴眼镜费劲，还因为拉长了眼球长度（眼轴），增加了视网膜脱离的风险。

大脑的结构也一样会节能，大脑消耗的能量占人体每天消耗的热量的20%。大脑一天下来差不多需要消耗半斤米饭的热量。

为了节能，大脑会经常提醒我们，要待在"舒适区"别出来。肥胖的四大队友——"汤、糖、躺、烫",就是大脑喜欢的,快速吸收能量,减少能量消耗,而"迈开腿、管住嘴"就是大脑痛恨的。

当我们养成了"习惯性动作",譬如织毛衣的时候,不用刻意去想,手上自然而然地就完成了组合动作。大脑中的神经细胞因为刺激频率增加,还会形成短路,就像物理上的电流总会选择电阻小的线路进行传输一样,人总会下意识地去完成自己的养成式连锁动作,形成自身的机械化生产线。

想法也是一样,虽然我们嘴上常抱怨两点一线的工作生活单调乏味,但真要做出改变,也很需要勇气。大部分人只是在不断抱怨,但又给自己找一堆客观理由,在认为不能走出舒适区的一生中耗到退休。每次鼓足勇气决定明天就改变的时候,脚上好像套了一根橡皮筋,在不知不觉地把你往回拽,有时会表现为一种对未知区域的恐惧感,赶紧打电话给明明知道肯定会劝阻自己别做傻事的保守派人物代表,例如父母,然后获得保守派意见之后便心安理得地继续第二天的两点一线。

因为眼睛要节能,会导致近视;因为大脑要节能,会形成短视。

"节能记忆"本来没错,但不适合我们在飞速发展、日新月异的变革时代下很好地生存。小说《三体》里有一句话是这么说的:"毁灭你,与你有何相干!"当快餐外卖兴起的时候,方便面的生意进入冰点；当满大街都是五颜六色的共享单车的时候，黑摩的生意自然消亡；当移动支付成为支付习惯的时候，大众不用零钱了，收银柜台的口香糖销量大幅下滑。这个世界的变化不是针对你而来，但保守和封闭的思想就会造成被收割和被消灭的局面。

在工作领域内，重复自己的职业固定性动作，满足了大脑和身体的节能习惯，看似"顺天行事"，其实"逆势而为"。身边不少"80后"都有危机感，因为"90后"和"00后"掌握了领域内更新的技术技能。不学习、不更新、不充电，在过去发展比较缓慢的时代没什么后果，但在火车轮越转越快的飞奔时代，我们在有生之年遭遇职业危机应该是大概率事件。

未来学家库兹韦尔提出"吓尿单元"的概念，大致含义是通过时间机器，把一个生活在古代的人拉到若干年之后，通过眼见各种新奇事物，达到"吓尿"程度的时间单元。想来，把远古的智人，从刀耕火种的时代带到有车马、建筑、纺织的时代，应该就能"吓尿"他们，"吓尿单元"需要数十万年；把生活在公元前后的祖先带到一百年前，他们看到火车、飞机、大炮，应该就能被"吓尿"，"吓尿单元"需要数千年；把百年前的先人带到20世纪末，看到高清电视、"大哥大"、VCD（Video Compact Disc，影音光碟），他们应该就会吓尿，"吓尿单元"需要数十年。不用说，只要把2000年的我，带到现在，看到现在的手机不用拨号就能上网，运算速度比奔腾586还快得多，我就能当场尿裤子。

其实，把我吓尿比较容易。10岁那年，爸爸从上海出差，带回来一个可以在塑料轨道上转圈的小火车，当时我裤子就湿了。

从现在看未来，"吓尿单元"必然更短。

科技发展的速度快于我们进化的速度。认识到这一点，就可以用我们的思维去有意识地避免进入"节能程序"。我们给孩子预防近视的建议是，不要持续地近距离用眼，看了20分钟书，就到窗外看一会儿远处的树，眼睛一旦得到放松，睫状肌的"节能"就会被打断，多次之后，就会建立新的平衡——机体会认为我们既需要看近，也需要看远，便不会固化睫状肌，以致形成不可逆的真性近视。在我们日常重复性的工作之中，间断性地保持开放心态，对行业前沿或者其他领域的事物，进行适当思考并理解吸收。久而久之，大脑便会适应更新式的思考方式，而不是形成固化的短路思维。

也许，到了我们该为人类做贡献的时候了：修正古老的身体"被动节能"记忆，形成新的"智能节能"记忆。

20. 带毒生存、带菌生存、带瘤生存

接纳自己，先从接纳身上的细菌和病毒开始。

巨细胞病毒性视网膜炎是我比较擅长治疗的一种眼底疾病，主要治疗手段就是往眼睛里注射抗病毒药。有的病人，注射了很多针之后，眼睛里的病毒还是阳性，这个时候我会停止注射，选择观察，而不是一味注射下去。研究生对此往往不能理解。

我会告诉他们，巨细胞病毒在空气中到处都是，出去挤一趟公交，坐一趟地铁，可能就感染巨细胞病毒了。而且巨细胞病毒就像人的影子一样，一旦感染，根本甩不掉。人的免疫力好的时候，巨细胞病毒处于冬眠状态，免疫力差的时候，这个病毒就会苏醒。

换句话来说，病毒和人体处于共生状态，你中有我，我中有你。想要彻底消灭病毒，门儿都没有。

至于细菌，那就更厉害了。细菌和人不是谁消灭谁的关系，而是像海葵和寄居蟹一样，互相帮助，寄居蟹在海里四处游荡，

生命如歌
时而不靠谱
时而不着调

每次的人生不如意
都是上天给的长假
这时的你
应该好好享受假期

没有审视过的生活
是不值得过的

明日皆长路
惜取此时心

带着原本无法移动的海葵，扩大了觅食范围；海葵则帮寄居蟹进行伪装，分泌毒液，杀死寄居蟹的天敌，保障寄居蟹的安全。

不信？肠道里就生活着约10万亿个细菌。双歧杆菌、乳酸杆菌能合成多种维生素，维生素是人体维持生命活动所必需的，如B族维生素（维生素B_1、B_2、B_6、B_{12}），维生素K、烟酸、泛酸等。因为肠道菌群的存在，还能促进铁、镁、锌等矿物元素的吸收。也就是说，有菌更健康！

不只这些，还有很多看起来和肠道八竿子打不着的疾病，现在也有实验数据显示，可能和肠道菌群紊乱有关。例如，食物过敏、胆石症、尿失禁、骨关节炎、白血病，还有少男少女最讨厌的——痤疮。还是得伺候好肠道里的细菌们，要不然受罪的还是我们自己。

肿瘤这玩意儿可能是最讨厌的，大家都想能离多远就离多远。但有时候也没办法，肿瘤已经到了中晚期，手术没法切了，抗肿瘤的药物也都有毒副作用，想要全歼肿瘤是不可能了。到了这个时候，那也没办法，只能委曲求全，带瘤生存。其实如果控制得好，很多病人可以长期带瘤生存。

但前提是，病人得自己想得通，心态上要保持乐观，心情舒畅，要是整天发愁怎么把身体里的"地雷"彻底消灭，那也活不长。

我本科实习的时候，转到外科病房，有个患结肠癌的中年女性病人就属于这种情况。她愁眉紧锁,常常说着说着,眼泪就和断线的珍珠一样,噼里啪啦地往下掉。带我的老师怎么劝也无济于事。病人说的也有道理:"换谁能放宽了心啊,一想到这瘤子就在身体里待着,吃饭也不香,睡觉也不踏实,每天都在倒计时。"

得亏这个病人旁边住着一位老干部,特会劝:"这个妹妹,我和你说呀,这个肿瘤啊,就和你生孩子是一样的。瘤子哪来的?还不也是你自己的细胞变的。孩子不也是你自个儿的细胞变的,越长越大吗?干吗就想把瘤子都整掉,都是自个儿身上的肉。

"想到身体里有瘤子活着,就想着是身体里又多了个孩子,没事。你看我,都这个岁数了,身子里不也有个孩子,和我一起待了好几年了嘛。"

病人破涕为笑。

过年回家时,逛街遇到了很久没有见到的一个高中女同学,是她先认出的我。但尴尬的是,我当时看她半天,也没从脑海中找到印象。能怪我吗?真不能。她的脸完全是一张标准的网红脸,下颌角没有了,下巴尖尖的。

等到她说出名字之后,我惊讶得下巴都快掉下来了。

那个脸嘟嘟肥,蛮可爱的女生,变化也太大了。她告诉我,她接受不了自己的宽下颌,所以就必须干掉它。

我问她现在开心了没有,她说没有,因为又开始对鼻子不满意了。

带下颌生存,多好,我心想,摸了摸自己的下颌角,想想要是切掉的话得多疼。

其实,在当下这样一个信息爆炸和人人皆是自媒体的时代,各种审美观、人生观、价值观和建议犹如蛛丝漫天飞舞,把我们一圈圈缠绕着。我们自身存在的一些特点,未必是细菌、病毒和肿瘤,可能只是特点而已。

打开直播,看到的全是一样的面孔,于是便怀疑爹妈是不是把自己身体的零件生得不标准;打开网页,有"生活的本质便是喝茶"这样的佛系观,也有"躺平得了初一,也躺平不了十五"这样的励志语,还有"没有伞的孩子,必须努力奔跑"这样的"鸡血帖",搞得你无所适从,觉得自己的人生观不正确。偏偏那些大V(指身份获认证的微博意见领袖)、博主,语言精妙绝伦,引经据典,妙笔生花,各种论据和名人名言信手拈来,带有标题党的链接如水银泻地,无孔不入,不点进去好奇,点进去就由不得你不动摇。就算你是网络不敏感体,身边也常有口吐莲花的同事,或者好心的大爷大妈,逮着有工夫的时候就渗透,他们说完就忘了,空留下内心一地鸡毛的你。

结果就是一个纠结的你,躺在沙发上有犯罪感,埋头工作有无意义感。吃饭的时候,吃得快了对不起自己的人生,吃得慢了对不起自己的青春。下班的时候，明明自己的工作已经结束，但是又不好意思走；周末的时候，是去郊游还是去"充电"，睡个懒觉都不踏实。

以他人的话为参照，内心总是变化不定。多少次决心按照歌词中说的那样，"别人说的话，随便听一听，自己做决定"，可是自己偏偏就是没主意，不知道怎么做是对的，自己做决定也痛苦，这可如何是好。

就现在的网络环境而言，重大社会事件发生后，网民基本上会分成四派：一派主抨击，一派主维护，一派主全面分析、面面俱到，一派坐观"吃瓜"、嬉笑调侃，常常以主抨击派和主维护派的对抗进展到对方开始人格攻击和动机质疑为结局，最后不了了之。

"吃瓜"群众在这个过程中不知不觉也被误伤。被剥夺了对他人和社会的基本信任，也开始时刻怀疑自己，怀疑自己的选择，怀疑自己的相貌，成为既不知道自己什么样的行为是正确的，又不知道如何看待他人行为的摇摆生物。

看着屋顶上的幡飘动，两个和尚一曰幡动，一曰心动。下颌角本来没动，因为心动，下颌角便动了。

初中的时候，从乡下调来了一位物理老师，人极风趣。

有一次，他给我们讲了一个笑话：一个当地的寿星，年过八旬，精神矍铄，耳聪目明，记者去采访，问他长寿秘诀是什么。寿星说，我不抽烟，不喝酒，吃素多，吃肉少，每天饭后散步……这时，楼上甚是吵闹，记者问，是谁在吵？寿星不好意思地说："那是我爷爷，他在和我爸喝酒。"

想要拥有健康的生活方式，首先需要保持乐观的心态。过分极致地追求健康的生活方式，结果可能适得其反。譬如，正常的饭前洗手，是提倡的，但如果因此成了洁癖，就大可不必。

看到"不利因素"的两面性，看到"不利因素"与"有利因素"的平衡性。没有哪个机体符合想象中的完美和纯粹。消灭所有"不利因素"的想法，和消灭自己没什么区别。

接纳自己，先从接纳身上的细菌和病毒开始。

当然，也有不少现代人认为，应该先从接纳身上的脂肪细胞开始。

21. 疯狂的干细胞

干细胞不以人的主观意志为转移。同样,孤立的理想,脱离了现实的土壤,也没法生根发芽。

人的身体里，有一种神奇的细胞，它可以分化成带颜色的色素细胞，还可以变成传导电荷的神经细胞，就像孙悟空的毫毛，具备七十二变的本领。

如果把这种细胞处理一下，放在显微镜下看，还能看见这种细胞一蹦一蹦地抽动，因为它还可以分化成跳动的心肌细胞。

这种细胞，就叫干细胞。

这么好的细胞，是怎么生产出来的呢？来源是个问题。一般就像认为瀑布不能倒流，时间不可逆转一样，没人会觉得成熟细胞会倒回来变成干细胞。想把身体里数量稀少的干细胞分离出来，一是杯水车薪，二是会把组织给破坏了。大块儿的组织一削，人不就残废了吗。

伟大的科学发现常常来自戏剧化的实验经历。就像花了十年时间寻找葡萄球菌克星无果的弗莱明，因为出去度假，忘了自己还在实验室培养的葡萄球菌器皿的盖子还没盖，细菌就被全部暴露在空气中。等他度假回来，发现本来要培养的葡萄球菌头上都长白毛了。他原本想把这些没用的东西扔掉，结果发现这些菌和空气接触后，长出了青绿色的霉变，最后葡萄球菌反而不见了，离这种霉变越近，菌就越少。于是，他推测青霉身上估计有对抗葡萄球菌的物质，最后就是我们所熟知的故事——青霉素被发现了。你看，因为粗心的过失，反而幸运地让弗莱明发现了青霉素，"众里寻他千百度，蓦然回首，那人却在灯火阑珊处"。

产生干细胞这件事，回过头来看，也蹊跷得很。

做过实验的人都很清楚，写标书要经费是实验室老板的主要工作，没钱的话，实验室就得关门大吉。日本就有一位经费上拮据得只能"忽悠"到三名学生加入实验室的科学家山中伸弥，这三名学生里有一名学生颇为疯狂，可能也是因为没有什么实验经历，脑袋里没有条条框框的限制，他提出了把几十种病毒序列一起丢到培养皿里感染细胞的大胆想法。听起来有点像乱炖。具有逻辑性的脑袋应该都会一巴掌把这种想法拍死，但也许是抱着死马当作活马医，不行就回家带娃的心态，山中伸弥答应了！

这在当时看来是一个很愚蠢的想法，不仅没有人这样干过，关键是听起来就不靠谱。接下来，奇迹没有让夸张的大脑失望！培养板上长出来稀稀拉拉的克隆细胞，最终他们完善了工作，发现四种细胞因子足以把成熟的成年人皮肤的纤维细胞逆转成为多能干细胞,在功能上与胚胎干细胞相似,这些细胞可以在体外分化成三个胚层的细胞类型。换句话说,这些细胞也具有如同胚胎干细胞分化成身体各种细胞的功能。

2012年,山中伸弥因此获得诺贝尔生理学或医学奖。人生因为疯狂的想法而"开挂"。

2013年6月26日,日本厚生劳动省(相当于中国的人力资源和社会保障部、卫计委的结合体)的审查委员会批准了利用诱导多功能干细胞(iPS细胞)开展视网膜再生的临床研究。全世界的眼科医生和科学家纷纷投身这项研究,寄希望于让失明的人(主要是眼底疾病的患者)重建光明。

大家也许会感到奇怪,为什么是眼底疾病,而不是角膜病、白内障。

眼睛的结构和照相机一样,角膜和晶状体(白内障发生的部位)就像照相机的镜头,是可以换的。角膜混浊了,做角膜移植手术,换透明的角膜;得白内障了,做超声乳化手术,清除混浊的晶状体,换透明的人工晶状体。但是眼底不行,眼底就像照相机的底片,没法换,坏了就是坏了。

眼底的组织是神经细胞,神经细胞是恒定细胞,一辈子不分裂,神经细胞死了不能复活,数量只能变少,不能变多。所以才需要想到用干细胞去眼底发挥作用,希望干细胞可以转变成神经细胞,重新恢复视力。

这些干细胞就像种子一样，科学家们各种"插秧"，要把它们种到眼底去。

有的是通过输液，希望干细胞顺着血流，可以自己乖乖地顺流而下，到达眼底就下车；有的是直接向眼内注射，希望干细胞就在眼球这个封闭的球体里，在漂来荡去的过程中找到眼底大组织；还有的直接就注射到眼底，把"禾苗"直接插到眼底，看它还能跑到哪里去。

可是，科学家费了这么多力气，干细胞似乎却不太听话。死的死，亡的亡。就像我家里养的绿植，过不了多久，就以枯萎告终。

草籽撒在沙漠里，还是不能收获绿色。后来，科学家非常肯定，"禾苗"是健康的，他们发现还是"土壤"的问题，并提出了"微环境"的概念。干过农活的都知道，秧插到田里，不给农药，秧死杂草生，不给化肥，秧蔫不长。干细胞要分化成我们想要的神经细胞，得有各种辅助条件引导，但这些"农药"不能洒在眼底，也没法在眼底施"化肥"。

干细胞不以人的主观意志为转移。同样，孤立的理想，脱离了现实的土壤，也没法生根发芽。

譬如，想要让医院里的医患关系得到改善这样一个美好的愿望，大伙喊口号都喊得快累死了，也还是差强人意。高人给我们支招，在墙上挂上几幅看起来很美，但不知道画的是什么的油画，在油画下贴上几行不凑近了看不清的小字，就起到了好效果。坐在诊室里的大夫，觉得自己高级，进到诊室的患者，感觉高雅，彼此内心都不知不觉地用高要求来约束自己，恨不得说话的时候蹦出两句外语来才好，哪还能干那溅唾沫星子的事。

那天，老家来亲戚了，大伙坐在一块儿聊天。基本上，上了岁数的人，聊天的主要内容无非就是吐槽现在，怀念过往，我们也不例外。因为都是孩子的爹妈，所以我们集体感慨，现在的小孩回家不做作业，就爱玩，都说自己小时候很乖，一回家就做作业。于是，大伙探讨为什么，其中有一个大家都认为合理的原因，就在于小时候，小孩都是互相串门的，几个孩子堆到一个人家里，一起做作业，遇到不会的题，还能互相问问。如果有一道题其中一个人会做，别人不会做，那种光荣，那种开心，会的人瞬间收获许多羡慕。先做完作业的主儿，嘚瑟劲儿就别提了。以会做题为荣，以快点做完作业为乐，这就是那个微环境的氛围。

但现在的孩子，放学了，各回各家，各找各妈，要靠自己管住自己。遇到不会做的题，只能问爹问妈，爹妈还得做饭洗衣服，哪有工夫管他们。你看，集体做作业的氛围多重要。潜意识里，没人认为回家还应该做作业，家里有冰箱，得翻翻有没有冰激凌；家里有电视机，得瞅瞅，调台看看卡通节目；家里有小狗，得撸一撸，逗狗转个圈儿。

大人不认为回家应该继续工作，凭什么孩子就得认为回家应该做作业。

护士小方，按现在的话来说，是"微胖族"的忠实成员。减肥的口号喊了好几年了，有时说今儿晚饭不吃，要减肥，明儿就见她抱着一桶冰激凌啃，嚷嚷着受不了了。

当然，我有时也觉得她有点"戏精"。中午少吃了一顿主食，下午非得说心慌、出汗、难受得不要不要的。兜里的小饼干没见过有能过夜的时候。

就这样一个人——减肥的心和贪吃的嘴打架，永远都是嘴赢的主儿——竟然能减肥成功。我都惊呆了。那天，窗户缝隙里漏出来的阳光照在她的背影上，我们还以为是哪个电影明星来了。

一开始，她还保密，不说减肥诀窍，不过护士之间没有秘密可言，很快我就从其他护士那里得知真相——她找了帅哥健身教练当男朋友。

教练天天在健身房待着，不见天日，她可不是得天天下了班像蜜蜂找花粉似的，打扮得花枝招展地去找教练。教练能聊什么，无非是怎么做有氧减脂运动，怎么通过肌肉训练提高代谢，怎么饮食既健康又不饿，怎么练肩，怎么拉伸。健身房里的会员、教练，集体组成了一个体脂对抗的微环境。一来二去，我们这位护士就像轮船陷进了礁石堆一样，搁浅了；如同飞蛾撞上了蜘蛛网，再也不想其他。被健身房里散发的荷尔蒙给熏了心、洗了脑，下了班就往健身房跑。朋友圈里发的全是跑步机和器械、杠铃。

当然，也有一位哲人说过，一个人如果突然爱发朋友圈，那是因为她加了一个很在乎的朋友。

以前是宅在家里吃薯片，和网购群的姐妹们聊天，肥肉与体重齐飞，现在是冲向健身房搞对象，爱情肌肉双丰收。

如果我们觉得仅凭自己的努力，难以约束和管理自己，不妨试着去改变一下身边的微环境。多结识在自我管理上更为优秀和目标感强的朋友，少与"努力不一定成功，放弃却一定很放松"的朋友为伍。一来二去，相信你体内的"干细胞"就会朝着想要的方向诱导分化。

不信吗？还真由不得你不信。铁的事实摆在眼前。我们朝阳医院眼科的志愿者天赐爸爸，一辈子没写过诗，现在平均一天写三首；另一位志愿者佳星，不仅热心助人，自带小提琴上岗，而且发表小论文——《论音乐对医疗环境的改善作用》。你问为什么志愿者变得这么爱写？去微博搜"北京眼科医生陶勇"的微博号，关注一下，你很快就会发现答案。

微环境调整好了，神奇无敌。你看，护士小方身上的"干细胞"，没有转化成脂肪细胞，而是变成肌肉细胞了。

22. 白加黑

一个阶段有一个阶段的活法,不要跳级,也不要留级。

坐在我面前的是一位令人惊艳的美女，她手上拿着最新款的苹果手机，身旁站着一位英俊挺拔的帅哥，淡淡的香水味飘散在空气中。

我有一种置身国际高端医院的错觉，但事实上，这是一家诊室外面还积攒了很多病人的公立医院。

赶紧看诊吧，别走神了，还想不想吃午饭。我内心想。

是个医生，只要看一眼，问都不用问，就能猜出来面前这俩是男女朋友。

但有经验的专家，还能看出来，这俩没谈多久。当然，这个"临床经验"似乎不太重要。

而更富有临床经验的我，只用了一秒钟的时间，就从美女布满红血丝的眼睛上，读出了大量的信息，然后一语中的地问了她一个问题："是不是眼睛干？"

美女顿时如霹雳划过长空般地抬起头来，又重重地点了点头，补充道："还很涩。"

先是上吸附泪液的试纸，后用荧光素染色看泪膜完整，看碎屑、看睑板腺、看泪河高度，一番仪器检查之后，我给她下了诊断：干眼症。我给她开了眼药水，并且语重心长地交代：一定要保证睡眠，保持生物钟规律。

她的男友向我投来赞赏的眼光，美女则低下骄傲的头颅。

很多年轻朋友都有这样熟悉的感觉，晚上熬夜没睡好觉，第二天早上起来，眼皮就和黏住了一样，干得要命。

然后就是用各种眼药水，从网上买，从国外买，通过代购买，和朋友聊着聊着，就从兜里掏出个小瓶，内盛红色药水，扒开眼睛，点上一滴。

但也还是觉得不大管事。当然，水都会挥发，当时水汪汪的，一会儿可不都蒸发掉了，于是就在养成了药物依赖性的同时，还得忍受没有彻底解决问题的痛苦。

之所以晚上睡觉的时候，眼睛分泌出来的眼泪不会把枕头打湿，是因为受到昼夜节律的调控。夜里眼睛刻意减少了泪液的分泌，眼皮是合上的，眼睛表面的泪液并没有暴露在空气中，所以几乎不会挥发。如果再持续分泌的话，那可不是得流得满床都是。

有一次，一个病人和我抬杠，说他早上起来，有时枕头就是湿的。我愣住了,正想着原因,谢天谢地,他老婆在场,一句话就解开了我们心中的疑惑:"你是不是又做梦吃包子了!"

敢情是哈喇子弄湿的枕头。

白天和晚上是完全相反的两种状态。如果眼睛总是睁着的,看黑板、看书、玩游戏、盯屏幕,泪液就像雨刷器刷过一样,随着每一次眨眼而均匀地分布在眼球表面,同时不停地挥发。而且,越是集中注意力看屏幕,眨眼的次数越少,眼睛持续暴露在空气中的时间也越长,眼泪挥发得也越快。

所以,泪腺或副泪腺和我们是一样的,白天得好好上班,分泌眼泪,要不然眼睛就干了。

白天有白天的节奏,晚上有晚上的规则。

白天不能做晚上的事,晚上不能干白天的活。

人这辈子的道理也类似,一个阶段有一个阶段的活法,不要跳级,也不要留级。

张总曾经在国内的房地产界小有名气,年轻时即实现财富自由。后来旅居加拿大,我问他:"我怎么在国外待不住,没有水煮鱼,没有扬州修脚,没有地道的饺子和大白粥,聊的也都是外国文化,根本受不了。"张总说:"我要是你这个年纪,我也待不住。但是过了50岁,岁数大了,就待得住了。"

年轻时要的是热闹,怕寂寞;年老时要的是安静,怕闹腾。

就像小时候邻居家的黄婆婆,据说年轻的时候会跳舞,看过的人都说跳得好，后来岁数大了，看别人一圈一圈地跳迪斯科，就受不了，说眼晕，得捂着眼睛。黄婆婆退休以后，比较擅长做的事是择菜，又快又好，而且还比较省，不像她儿媳妇，虽然也利索，择菜很快，但是浪费的比较多。黄婆婆说，这是因为她心不急，反正也没什么事，把菜择好就行，但是儿媳妇还得去管孙子，还得洗衣服，心里有事，所以择菜就糙点。

黄局长眼睛的问题比较复杂，是一种难治性青光眼。做完青光眼手术，恢复的过程不顺利，他住院时间也比较长，闷着难受，有空就找我聊天。黄局长的爱人常替他感到惋惜："我们家老黄，要不是眼睛不太好，肯定还能提拔。"黄局长总是强力反驳："年轻的时候，要讲'三高'，高收入、高成就、高荣誉；年老的时候，就要讲'三低'，低血压、低血糖、低血脂。"而且反过来，还得批判他爱人："你都这岁数了，还和单位弄什么返聘，赖着位置不走，搞得年轻人没有上升空间。一出院，你就赶紧去找单位领导，办离职手续。"黄夫人有些不大乐意："退休了坐在家里多没意思啊？"黄局长说："出去旅游，我有很多外地的战友，一直催着我去找他们叙旧呢。"黄夫人果然答应了，出院以后，两人的朋友圈都是晒各地的风景，还有和朋友们的合影。

现在心灵鸡汤很多，不过多是打鸡血式的鸡汤。就算是土鸡汤，也得餐前喝。要是吃饱了，都该收拾桌子了，再喝一大碗鸡汤，难免撑着。

当医生这么多年，我最常听到的一个问题就是：什么药是最好的。患者的惯性思维就是，不分疾病，不分阶段，也不分人，就想找到最灵的药。当然，这种想法本身就可怕得要命。再贵的药，在错误的时间给错误的对象使用，都是灾难，搞不好还弄得人财两空。人还有一个习惯性的做法，抓住一个道理就往自己身上套，看见一个榜样就去追，逮着精神偶像就去拜，却并不去思考自己的性格、阶段和处境是不是适合。

2017年诺贝尔生理学或医学奖颁给了三位美国科学家，理由是他们"发现了调控昼夜节律的分子机制"。他们利用果蝇作为模式生物，分离出一种能够控制日常生物节律的周期基因。他们通过研究证明：周期基因编码的Per蛋白[1]会在夜间不断累积，然后在白天又发生分解，Per蛋白水平的变化以24小时为周期，正好与昼夜节律保持同步。

包括人类在内的其他多细胞生命体的生物钟都是同样的运行机制——昼夜节律。

基因决定了你的身体，到晚上就犯困，就像心脏就会自己跳，由不得你想停就停。

---

[1]1971年，美国加州理工学院的科学家在果蝇体内发现了周期（Period）基因，简称Per基因。1984年，美国波士顿布兰迪斯大学的科学家从果蝇体内分离和提取出了Per基因，并且把这个基因编码产业的蛋白称为Per蛋白。——编者注

所以老祖宗是对的，昼为阳，夜为阴。《黄帝内经》让大家"夜卧早起"，到了晚上，赶紧躺被窝养足精神，太阳出来鸡打鸣了，该起就得起。时钟上的分针、秒针就应该按顺时针方向运转，如果强行逆时针调整，时间就乱了。

岁数大的父母，看见"管他甚事，我自喝茶去"这样的禅帖，少往正处在拼搏阶段的子女那里发，尤其是在单位评绩效发奖金的关键时刻。90多岁还上研究生，"活到老、学到老"这样的劝人上进的链接，转发给长辈的时候，也多掂量掂量他们的身体状况，有没有必要让他们本来安享晚年的幸福生活再起波澜。

白天吃白片，晚上吃黑片。吃错了药，白天打瞌睡，晚上提精神。

不过也有朋友说，我昨晚睡得挺早，睡眠质量也还可以啊，为什么还是眼干？

怎么不想想之前欠下的债呢？你熬的夜，眼睛都替你记着呢。

23. 元宇宙

在元宇宙成功搭建之前,遇到事了,也别想不开,不妨憧憬和期待一下。

当大夫认识人就是多,什么样的人都能遇着。

一位年龄虽小,却是资深游戏玩家的"小主",眼睛不舒服了。兴许是积劳成疾,用眼过度,这家伙三天两头就得来找我。一来二去,跟我混熟了,排队等着叫号的时候,他就接着玩游戏。

有一次,等待看诊的时候,旁边路过一个也懂游戏的人,识货,看着他玩,看出他水平高,两人成了好朋友。资深游戏"小主"倒也不见外,多买一瓶饮料,把这个哥们一块儿介绍给我。这哥们是做MR的,一开始我还不懂,搞不清VR、AR、MR、XR有什么区别,这哥们就给我科普。

VR(Virtual Reality,虚拟现实)是最原始的,戴上一个眼罩子,黑咕隆咚,什么也看不见,里面出影,可以看电影,看风景。我问他,直接看电视不就得了嘛,费那么大劲干吗?哥们告诉我，戴上VR眼镜可以看得立体，感觉人就在电影里。后来，我有一次试了试，还真是他说的那样，转头的时候，景象也跟着转，抬头看天，低头看地，往不同的角度歪头，眼里的影像也跟着变化。

AR（Augmented Reality，增强现实），既能看虚拟的影，又能看真实的影，可以同时看。那玩意儿做的和眼镜店里的框架眼镜差不多，镜片都是透明的，不同之处在于AR串联着线，得接电池。戴上去之后，不妨碍走路，桌子、椅子都能看见，一点不妨碍，眼前还有半透明的画面。我想起之前玩过的游戏——*Diablo*《暗黑破坏神》，英雄在地下通道作战，画面上叠加一幅地图。

MR（Mixed Reality，混合现实），据说是增强了互动性，佩戴者可以和虚影交互。一会儿用手指点一点虚影里的人，让他转个圈；一会儿点个叉，把窗口关掉；一会儿虚影还能和佩戴者聊天。这让我想起了在德国草场上看外国人训练狗的场面，朝远处扔个球，狗和孩子就疯了一样地朝球冲过去，一会儿狗追球，一会儿孩子追狗。以后遛娃不用担心狗咬着娃了，直接给孩子戴上眼镜就行了。

至于XR（Extended Reality，扩展现实），那哥们支吾半天，我也没听明白。

我问那哥们，戴久了这些设备，会不会怀疑现实世界也是虚空中捏造出来的。

我大学本科去精神病院实习的时候,老师让我们和病人聊天。病人一开口,我们就听出来不对劲,什么世界是由金木水火土组成的,什么他是有使命来拯救地球的,什么他曾经穿越时空看到未来,还有会念咒语开启宝藏大门的,一听就知道是科幻电影看多了,或者是玄幻小说看多了。但后来,看着那些病人坚定不移的眼神,听着异常执着但显得真诚的言语,我们开始恍惚了,甚至会觉得自己所接受的教育是不是错误的,也开始怀疑自己是不是也像面前的这个病人一样,是被世界欺骗的。

那天晚上,我们宿舍的夜聊话题就是"究竟谁是精神病人"。宿舍的五个高智商男生都不能肯定自己没有精神病。宿舍熄灯了,借着月光,我上下打量宿舍那四个同屋的,心里暗暗怀疑,他们几个会不会就是串通起来欺骗我的"演员"。但是,这个世界欺骗我做什么呢?我似乎想不到理由。

要是一天到晚,人们都戴着这个立体呈现又活灵活现的VR设备,和虚拟人物接触、互动,保不齐会忘掉真实世界中的规则。

尤其是心智还不成熟的孩子。譬如十来岁时的我,坐在妈妈就职的新华书店里,看遍了各种武侠小说,那时便坚定地认为,摘花飞叶、飞檐走壁的绝技是有的,一指头把铁块戳出洞的功夫也是有的,总想着哪天走在路上遇到个身怀绝技的道士,或者是深藏不露的高僧，把上乘的内功心法传给我。

那时的我，拿红墨水在黄纸上画符，自己找点尼龙绳，编成拂尘，到处溜达。

我敢保证，那时的我，绝对是认真的。因为过年杀鸡的时候，我把家里盛放鸡血的碗给偷走了，拿去画符，因为相信这样做的话，符咒会更有灵力。

多年以后的我，在健身房里遇到一个年轻的健身教练，他告诉我，他从武术学校毕业。我问他，为什么父母会送他去武术学校，他说是他自己偷偷离家出走去少林寺之后，家里人发现他不是读书的料，最后把他送去的。健身教练离家出走的时候是小学二年级，也是因为相信神功盖世的传奇。

当然，健身教练比我勇敢，那么小的年龄就可以开启说走就走的功夫之旅。而我，只能脑补自己的大侠场景。

初中以后，因为看日本动漫比较多，我便常有一种隐隐的感觉，觉得外星人会半夜突然从天而降，而我可以一夜之间就学会冲击波。

游戏"小主"和MR工程师针对我提出的问题，深入思考了一番，他们告诉我，现在他们就已然经常怀疑现实世界是虚构的。他们还告诉我，已经有人提出了"元宇宙"的概念，在斥巨资打造一个基于VR设备的空间，戴上眼镜之后，人的身份就彻底变了。现实世界中，你是个医生，元宇宙里，你就可以当院长；现实世界中，你是个男的，元宇宙里，你可以是个宠物；现实世界中，你被你妈训得一愣一愣的，元宇宙里，你可以选择在一个哑巴世界的家庭生活。

乍一听，很有科幻的味道，但我也觉得有可能走进现实。现在很多博主或网红，本名姓甚名谁，无人知晓，但是网名却家喻户晓，博主或网红本人究竟是男是女，是胖是瘦，无关紧要！其实，依托互联网的网络身份和真实身份可以分离存在，倍具视觉感官感受的元宇宙又何尝不会更加逼真，何尝不会让人更容易陷入实质虚拟而表象超仿真的世界。

何况，真实世界中，我们有那么多的不如意。

有明星梦，颜值却不尽如人意。

不想结婚，偏出生在爹妈想早抱孙子的传统家庭。

工作很努力，身边却有好几个擅长溜须拍马的同事，升职加薪总是和自己无缘。

在荷尔蒙散发的青春年华，暗恋上了一个人，可是对方家长死活看不上自己，自己对才华和财富也不够自信。

人生不如意事，十之八九。尽管我们在别人眼里，也许感觉还不错，估摸在平均线以上，但欲望丛生的内心，总会让我们看到自己的不足，而渴望得到那些未曾拥有的。

被我这样一描述，好似元宇宙的作用只会是乌龟壳，将现实中的不如意统统塞进去。

其实，元宇宙也可以是舞台，就算是现实世界中已经飞黄腾达的人，在元宇宙中，也仍可以在另一个领域呼风唤雨。

兴许，本来是商界精英，在元宇宙里，可以成为手工艺者，雕刻精美器具。

兴许，本来是政治领袖，在元宇宙里，可以成为动物园饲养员，和狮虎相伴。

兴许，本来是家庭主妇，在元宇宙里，可以成为高级将领，指挥千军万马。

听起来，就像是元宇宙又给了我们一次生命的感觉，一个人可以同时体验多重人生。借助科技，我们可以实现在平行时空中"飞升"和"切换"。

在元宇宙成功搭建之前，遇到事了，也别想不开，不妨憧憬和期待一下。再等等，说不定用不了多久，"桃花源"转身就可以进去了。

24. 立体视算法

只用左眼看,容易看到贪婪和捷径,看不到地上的泥泞;只用右眼看,遍地全是荆棘和沼泽。

去电影院，花较高的票价买票，便可以看立体电影。

工作人员递给你一副薄眼镜，眼看着银幕里那只小狗冲着你就跑过来了，摘掉眼镜一看，银幕上只有带着虚影的模糊小狗，根本就在银幕那个平面上。

如果不戴眼镜，就一直裸眼这么看着，一会儿头就晕了，眼也花了。

奇怪，这是怎么回事。

估计你也好奇。

之前，我去给本科生上课，正经的白内障、青光眼、眼底病知识，他们不爱听；好看的视网膜三级神经元亚层结构图，他们不爱看；脉络膜新生血管的经瞳孔温热疗法和光动力激光治疗，他们不爱学；非得让我和他们说明白，立体电影的原理是什么。

当然，他们顺带还感兴趣的是色盲眼镜是怎么回事，瞪眼看半天的浮凸画怎么看，以及社交媒体上那幅有名的裙子图究竟是蓝黑还是白金。全是医学边缘内容。

银幕上的影像其实是两个影像，挨得比较近，我们为了便于描述，就把位于我们左边的影像命名为"左影"，当然，另一个就是"右影"。

我们戴上偏振光的过滤眼镜，左右眼的镜片是不一样的，一个滤掉水平偏振光，一个滤掉垂直偏振光，这就意味着，"左影"和"右影"只有一个能分别进入左右眼。

如果左眼看的是"左影"，右眼看的是"右影"，两只眼睛的视线一交叉，影像在大脑里融合，我们感知的影像就是位于荧幕后面的。如果是小狗的话，我们就会感觉小狗离我们更远。

反过来，如果左眼看的是"右影"，右眼看的是"左影"，交叉后的视线位于屏幕前面（参见图1）。我们就会感觉小狗在

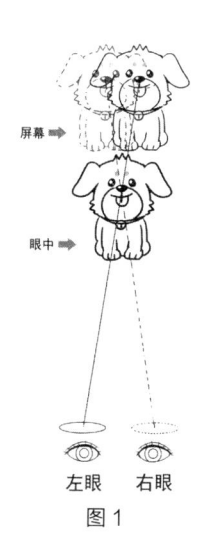

图1

屏幕前面，离我们更近。

调整"左影"和"右影"之间的距离（参见图2），就会让我们视线交叉的距离忽远忽近，重叠后的影像朝我们跑来，或者跑开。

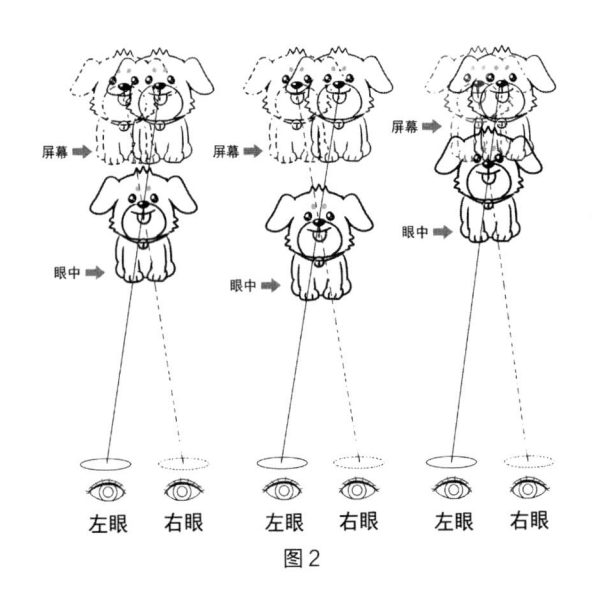

图2

如果有爱琢磨的人，拿着眼镜，颠倒过来看，左右眼镜片对调（参见图3），那就会发现原来跑向你的小狗，正在远离你。

图 3

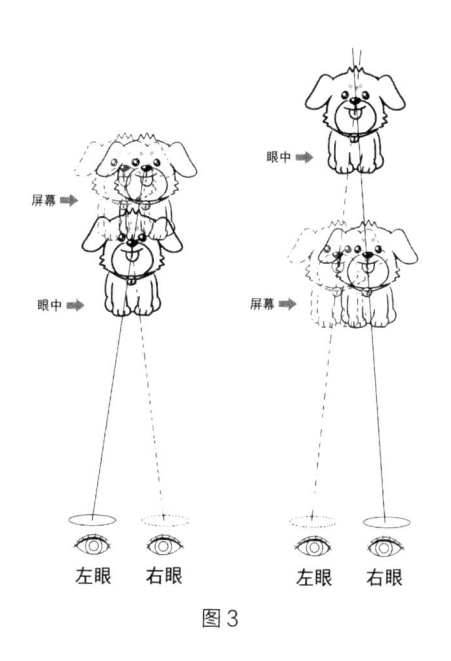

神奇吗？了解了原理，也就见怪不怪了。

人之所以可以产生立体视，在于大脑里有个视交叉的结构，两只眼睛后面的视神经（相当于电脑的数据线，负责把信号传到大脑里）在视交叉那里，互相交换神经纤维，这样两只眼中间重叠的视野就能融合，这是立体视的基础。

好奇的人可能还想知道，是不是动物都有立体视。

开动脑筋想一想，不用做解剖就可以想明白。

像兔子这样的动物，两只眼睛长在两边，各自的视野就没有一丁点交叉的部分，根本就不可能产生立体视。兔子吃草，草原里到处都是草，只要瞅准了对上嘴吃就行。兔子要担心的是，不知道哪里会冒出一头狼或狐狸来，所以两边的眼睛各看180度，合起来就是360度无死角，哪里来的天敌都能被发现。

而猫的两只眼睛就长在同一侧，有交叉视野，这样就能产生立体视。猫逮耗子，要是没有立体视和距离感，耗子就是在跟前，也按不准。

所以一般来说，食肉动物有立体视，食草动物就没有。

如果说，相比食草动物，食肉动物处于食物链的更高端，更加高级的话，毫无疑问，具备立体视的动物在大脑结构和生理功能上显然比不具备立体视的动物要更加复杂、更加先进。

看物体立体的动物能够掌握远近，便于获取食物，有利于维持生命。

看问题立体的人懂得深浅，容易把握分寸，有利于高级生存。

摆在身边的现实问题是立体和丰满的，不只有朝向我们的一面，也有背对我们的一面。看似轻飘飘的纸箱子，也许里面装满了东西，其实很沉，随便去抱，保不齐就闪了腰；看似沉甸甸的金砖，也许就是个金箔，里面是空心的，并不值钱。仅凭第一眼印象，容易受经验主义的误导，做出错误的判断和决定。

想要立体视观影，第一个必要条件是有两只眼睛，左眼看到外像，右眼看到内里；左眼直观注视，右眼逻辑分析；左眼直接接受信息，右眼充满质疑证伪。老年人容易上当被诈骗，常是因为贪便宜的心理把右眼挡上了，看见比市价便宜一半的鸡蛋，便赶紧掏钱买，生怕错过，拿回家一看是石膏粉做的假鸡蛋。年轻人容易失足深陷，常是因为想走捷径的小心思把右眼挡上了，那些想走捷径的人，最后都走了弯路。海底捞创始人张勇，一开始想赚快钱，他看到赌博扑克牌游戏机很火爆，来钱很快，借了1200块钱跑到成都去买，结果在路上被人骗了，买了一只假金表。经历多次失败后，张勇开始踏实下来，放弃了赚快钱的想法，做起了火锅生意，打磨服务流程的细节，最终才有了市值千亿、连锁店遍布全国的海底捞。歌手李健说："当能力撑不起野心时，所有的路都是弯路。"只用左眼看，容易看到贪婪和捷径，看不到地上的泥泞；只用右眼看，遍地全是荆棘和沼泽，同样也会让人止步于想象中的困难，一事无成。

想要立体视观影，第二个必要条件是两只眼睛要位于同一侧，需要让两只眼睛看到的视野有交叉范围。左眼看现实，右眼看历史。西汉刘向编订的《战国策》里说："前事之不忘，后事之师。"《圣经·旧约》里说："太阳底下没有新鲜事。"德国哲学家黑格尔曾说："人类唯一能从历史中吸取的教训就是，人类从来都不会从历史中吸取教训。"现在有一个流行的词叫"大数据"，历史和书籍中就蕴藏了大数据。现实中观察到的现象和行为，历史上基本已有类似的答案，书中已有记载。只用左眼看现下,不用右眼看过往,基本上会把自己的生活变成"预实验",得不出真正有意义的结果。伟大的科学家牛顿都说:"如果说我比别人看得更远些,那是因为我站在了巨人的肩上。"科学家都得汲取过往前人的经验才能前行得更远,何况我们。将现下发生的事情与过往的大数据比对,你就拥有了强大的"立体视算法",不易困惑和迷惘。

想要立体视观影,第三个必要条件就是要有视交叉这个结构,两只眼的信息可以形成有效互换,否则单一信息在大脑这个中央处理器中无法有效融合。现实中的视交叉就是相助的贵人、指点的名师,将知与行的那一层窗户纸给你捅开,让行后所得的感悟可以填补知,让知的智慧可以指导行,让知和行可以形成互相补益、互相促进的正向反馈关系。心学集大成者,明代王守仁强调"知行合一"的重要性:"知是行的主意,行是知的功夫;知是行之始,行是知之成。"起初,王守仁按照格物致知来修行,对着窗外的竹子来"格",结果"格"得老眼昏花,也没提升知的层次。坐地空"格",结果"格"空。行是外功,知是内功,内外兼修,方能精进。

立体视这门功夫的最高重,我估计是透视眼——像火眼金睛一样,直穿迷雾,就算对方穿了马甲也能认得出来。

附 录　　来信与回信

白家庄小学学生来信

尊敬的陶勇叔叔：

您好！

我是白家庄小学五年级（6）班的佟思悦。时光荏苒，转眼间一年过去了。陶勇叔叔，您现在还好吗？我很惦念您！

在新闻报道中看到您的事迹后，我十分揪心。了解到当手术完毕醒来，您的第一意识是：活过来了，太好了。我又被您这种坚强乐观的精神所感动。

在手术后，您曾说过"一定要抓紧时间和机会去做自己想要做的事情，留给我的时间可能不多了"。这句话在我心中烙下了难以磨灭的印记。我是一名五年级的小学生，在母校学习生活的时间只剩下半年了。所以，作为学校少先队大队的宣传委员，我要竭尽全力地为我的同伴们服务，为我的母校做出自己的一份贡献。我要像您那样心中有他人，心中有集体，心中有方向！

在我心中，您还是一个温柔、善良的人。您时时刻刻想着亟待治疗的患者；您希望在左手没有完全恢复之前，多做一些线上媒体、线下宣讲工作，能把眼科健康知识推广给全中国的人民；您想亲临武汉，看一看疫情过后的小朋友们……您让我们懂得这个世界有多美好！

陶勇叔叔，我将以您为榜样努力学习，增长才干，长大后做一名对社会、对国家有用的人！

祝您：

身体健康！工作顺利！

白家庄小学五年级（6）班佟思悦

2021年1月20日

陶勇回信

佟思悦同学：

你好！

谢谢你的来信。看得出来，你是个善良且富有爱心的人，因为你的眼里都是美好的我，说明你相信善良、相信乐观、相信坚持。

在来信中，你提到还有半年的时间，为母校的同伴们服务，这让我感动。在你的眼中，为母校奉献是光荣；在你的心中，帮助他人可以得到快乐。我的母校——江西省南城县盱江小学，也是一所风景美丽并且有着优良传统的学校。我爱我的母校，同你一样。有一天，当你像我这么大的时候，一定会发现，母校给过你的教育和影响一直占据着内心最核心的位置，不知不觉影响着你的言行。我能够保持积极向上的心态，与我小时候所接受的榜样教育——刘胡兰、雷锋、赖宁、罗盛教……是分不开的，他们影响我的一生，让我懂得勇敢和奉献，告诉我什么是对的。

在你未来的成长道路上，会遇到各种各样的困难和挫折，心中有目标，风雨不折腰，只要你有自己坚定的理想，就不容易被打倒。相信你未来也会遇到很多迷茫和困惑，在选择的时候，也许会不知所措。我祝福你，在选择的时候不会被眼前的利益束缚住心灵，站在更远更长久的高点，你便更能看清楚方向。

你对我的认可和祝福，既是肯定，也是期待。我也会努力，让每一天的自己，都比昨天更加优秀，以配得上你的信任和尊重。始终保持正直，始终不忘初心，让我们一直做快乐的少年郎。

陶勇

2021年1月28日

"瘦鸡爪笔芯"同学来信

亲爱的陶医生：

您好！

我今年15岁，是个快中考的孩子。首先祝福您的超话成立一周年快乐！如多数人一样，我在微博热搜里认识您，只不过比较晚，从看到您写的诗开始，那时候我就在想，究竟是一个多温柔的医生才会为盲人写诗呢？

前不久我刷好书推荐，发现了《目光》，还看到了一些您的采访，于是寒假我就买来看，收到书的时候就觉得24块太便宜了，您的书完全值得更贵点。

您在书中说小时候有人给您起外号叫"陶猪"，这让我想起了关于我的一些经历。来讲讲我的故事吧！我是个先天性罕见皮肤病患者，叫"蝴蝶宝贝"，医生说我是先天性表皮松解大疱症。但幸运的是，我有不放弃我的父母还有爱我的家人，我在一个充满爱的环境下成长。

后来我上小学，同学们不怎么喜欢我，给我起了个外号叫"变异体"，我并不喜欢这个称呼，不觉得它是爱称，但是老师觉得我太敏感了。那时候有的同学对我指指点点，我碰到什么他们都会拿纸巾包着丢进垃圾桶。我很伤心，记得那时候我们班同学喜欢订学生奶，每天都会有同学拿奶到课室，我们班有个不太爱讲话的男孩子，有的同学说他是智障，那天那个男孩子出于好心，大课间时把学生奶拿到课室，同学们不知道是谁拿的，这时不知道哪个男生说是我拿的，很多同学马上就不愿意拿奶喝，我以为我努力学习、努力站在颁奖台上，他们就会接纳我，但我发现我错了，我也很迷茫。

六年级时，我遇到了一个温柔的英语老师，她推荐我看《奇迹男孩》，在电影院里看到奥吉大声说"因为你是我妈妈所以你才不觉得我是怪物"时我哭了。毕业时，那个老师给我写了留言说万物皆有裂痕，因为那是光进来的地方，只要面向阳光，阴影永远在身后。

但是我是幸运的，相比其他患者，我的手指没有粘连，不用做分指手术。当我在书中看到天赐、薇薇，他们那么坚强，我哭了，但同时也给了我很多力量。谢谢您陶医生，谢谢您告诉我，我应该更坚定地学习，去热爱生活，世界如此美好，值得我走这一遭。

其实看书时我也感到惋惜与愤怒，如果没有歹徒袭击，您应该能早点回家吃您母亲做的香菇米线了吧？如果没有被袭击，您一定是个很出色的医学博士。您真的很乐观，"生活以痛吻我，而我报之以歌"。看《目光》这本书好像在和您聊天一样，总结起来好像一句歌词：笑一个吧，功成名就不是目的，让自己快乐快乐那才叫作意义。

对了，之前看完好书推荐就去微博，才发现您有超话，很遗憾超话发现得太晚，活动没有参与。但是也很佩服您的事迹，您支持微博粉丝，您举办活动，例如为盲人写诗，我觉得您是温柔本身。

谢谢您陶医生，谢谢您让我更坚定地拼搏，去迈向中考。fighting（努力）！我们一起加油！

祝：
身体健康，和陶小桃一起越来越可爱。

"瘦鸡爪笔芯"同学

陶勇回信——《坚强》

"瘦鸡爪笔芯"同学：

你好！

基于我目前教育一个10岁女孩屡败屡战的现状，其实我是毫无自信和15岁的你做有效沟通的。就在我读你的来信时，那个丫头正在一边看电视一边吃饭。你看，我慈祥温和且好声好气地和她说，吃饭的时候看电视不利于消化，也告诉她我小时候绝不会在吃饭时分心看电视（当然，我没有告诉她，我小时候的黑白电视得拿手搭着天线才能出影儿，我就是想边吃饭边看电视也没戏），她却义正词严且毫不悔改地"挣"我，说我吃饭时还不应该说话呢，意思是让我闭嘴。

更要命的是，她看的既不是培养正义感的英雄动画片，也不是启发智力的自然科学片，而是一个成年人的街舞选秀节目！我一开始还以为她喜欢看舞蹈，后来发现，人头攒动的一大堆选手被淘汰的时候，能引起她的兴奋！虽然那些音乐听起来都怪怪的，手舞足蹈的动作也奇奇怪怪，但谁都能看出来，那些选手是费了很多功夫准备的，结果导师一个简单的交叉手势，选手就不得不下场离去了。每每看到这里，那丫头就会美滋滋地喝上一口橙汁，感觉像农庄老汉猛抽了一口旱烟似的，爽！如果看到有选手接二连三地被导师叫停快速淘汰，她还会美滋滋地模仿起蜡笔小新的口气："美芽，你踩点没踩对咃……美芽，你又出局了咃……哇哈哈哈。"

晚上要睡觉前，她突然很认真地问我，那些被淘汰的人以后会怎么办？我说，我要是他们，就不放弃，下次接着报名参加。她接着问，那要是还被淘汰了会怎么办？我说，这个比赛不行，还能去参加别的更适合自己的比赛。她想了想，刨根问底地问，那要是还输了呢？直到我为这些淘汰选手提供了一个有着落的答案——当街舞老师，教别的小孩跳舞，她才放心地睡觉。

你看，我家小丫头喜欢看选手被淘汰，因为"见不得人好"是天性；但她同时又很关心那些淘汰选手的去向，总盼着他们同样也能有个好的着落，因为"同情博爱"是人性。否认天性的存在，把人都当成道德圣人去要求，结果只能是失望和受伤；而拒绝人性的培养，把自己变成仇恨自私和贪婪嫉妒的种子，结局是孤立，还有受伤。所以，我们能做的，是知天性，养人性。这是我想对你说的第一句话。

一味地忍让，会助长伤害，一定要学会保护自己。而保护自己的前提是，先忘掉自己身体那点异常，勇敢乐观地接受自己，这样你在和人交往时，才不会变得怯懦，处处自我怀疑。这是我想对你说的第二句话。要知道，我现在的手比你差远了，年龄也比你大多了，可我一点都不在乎。因为没有人比我自己更了解自己，我清楚地知道自己在做什么，未来将去向哪里，我接受并欣赏一路走来的完整的我，不活在别人的眼光和口水里。既然我可以，你肯定也可以。

我曾经看过一个故事：一个单身妈妈带着年幼的女儿去国外工作，孩子必须在一个完全陌生的异国环境里上学，妈妈担心孩子被欺负，担心她语言障碍，担心她因肤色差异被歧视。有一次，她在一旁看到女儿和一个白人小男孩说话，那个白人小男孩盛气凌人地说，我的衣服和包都是名牌，很贵的，家里花了很多钱给我买的。妈妈心里替女儿捏了一把汗，因为女儿穿的是廉价衣服，她怕孩子因此而感到自卑，在小男孩面前抬不起头来。但让她意外的是，女儿昂首挺胸，拍着书包说，我的书包是妈妈亲手给我做的，全世界只有一个，多少钱也买不到。

叔本华说过："做学问是目的，不是手段。"所以，你就算成绩再好，也不要寄希望通过这个来获得别人的掌声和认可。"成绩"是学生时代普遍的价值标准，但这还是活在别人的标准里，并不能得到真正的自我认可。我希望有一天，就像上面那个可爱的小姑娘一样，你也可以发现自己其实拥有独特的"书包"。这是我想对你说的第三句话。

陀思妥耶夫斯基也说过："卑鄙的灵魂摆脱压迫后便要压迫别人。"所以，就算我们曾经受到过歧视和伤害，成年后，也要留住心底的那份善良，去帮助弱小，而不是去伤害别人来修补自己曾经的心灵裂痕。这是我想对你说的第四句话。

知道你读过《目光》以及关于我的很多东西,为了防止你对我产生过于美好的印象,我必须要告诉你一个书里没有提及的我。要知道,当主任难,当眼科主任更难,当一个年轻的眼科主任是难上加难。科里年长医生的感受,你得照顾吧;年轻医生的前途,你得考虑吧;同事的孩子读高中得了抑郁症,家中老人一个高血压,一个半身不遂,她还是离异单身,所有事得一个人扛,焦虑得几宿睡不着,这你得帮吧……总之整个科里的医、教、研、生活、健康、收入,你全都得操着心。用傅园慧的名言来说,就是"天晓得我是怎么过来的"。每到压力大到受不了的时候,我便要叫上几个近况不如意的眼科圈内好友(找那些春风得意的就是自找苦吃),坐到一个桌上,不用你开口,他们自己就死劲往外倒苦水。聚完之后,你就会发现,浑身上下,那叫一个舒服……

陶勇
2021年2月17日

北京四中学生来信

尊敬的陶勇医生:

您好!

我们是北京四中2023届六班的陈南钰、孙宗逸、王雪卿、张丁凤、张潇伊。怀抱着对您的敬意和向您学习的心态，我们写下这封信，希望能够得到您的宝贵答复。

诚实地讲，我们第一次知道您，是您被刺伤的事件登上新闻之时。最初，我们感到极大的愤怒，都在相关报道底下评论，想要严惩凶手。之后，随着更多新闻报道的出现，我们逐渐了解到更全面的您。您的成长历程、职业生涯发展、对自己遭遇的恶性伤医事件的一次次发文……都让我们看到了更为立体而伟大的人格。

为了更深入、准确地了解您，我们在写这封信之前，学习了很多您的访谈。依据这些内容，我们经过讨论，得到了许多宝贵的人生经验。

您曾在《人物》采访中提及由于内心坚定的目标，所以不会被消极情绪所拖累。我们坚信，一定是坚定的目标支持着您走过学生时代，并且助力您在职业生涯中不断突破。

您曾在那个办公室遭遇了袭击，留下了身体和心灵上的创伤。但您在《朗读者》中回答董卿老师"为什么没有换一个办公室"的问题时，表明那间办公室并不只会让您想起害怕的事，更会想起许多美好感人的事。这表明您的内心不只是勇敢的，还有更多的善良。

面对此次伤医事件，您竟然能够从凶手的角度思考，认识到"生理—心理—社会"的医学模式中，"心理"的重要性。

对于伤痛，您认为它成为提高您生活幸福感的因素，这或许是您对待一切人生经历的态度。伤痛提高了您的社会知名度，从而深化了您的社会责任感，为您提供了更好的创造社会价值的机会。是您对于实现个体生命价值与实现社会价值的人生追求，让您得以化伤痛为契机。

当然，您也提到了自己的困惑。比如面对"天花板"的彷徨，不断权衡在公立医院和私立医院工作之间的利弊，考虑"从医值不值得"的问题。然而，正如您所说，"通过对医学理念的思考，可以帮助我建立一套自洽的逻辑体系，也就是信仰"，您将信仰和职业结合，于是所谓的困境似乎也不再成为困境。

类似于以上我们所提到的，您对我们的启发还有太多太多。在此我们想提出以下几个由您的思考所引发的问题，希望得到您的宝贵建议。

首先，针对您多次强调的"坚定目标"，我们很想知道您是如何进行目标的确定，并且一直坚定下去的。

第二个问题是我们中有意愿学医的同学的困惑：

前几天，看到新闻头条，是刺伤您的人被判死刑缓期。我们感到一丝宽慰。同时，这作为国家的表态，一定给了许多有志于学习医学的人或在读医学生一份鼓励。但是对大部分人来说，这类事件还是造成了难以消除的心理阴影。

在网络上看到许多医闹事件的报道和"学医苦、学医累"的吐槽后，家长对于我们想学医持反对态度。对此，我们也很迷茫，不知道是该坚持还是放弃。我们想就这个问题寻求您的答案，请问是应该放弃这个追求，还是说服父母支持我们的选择？对于医生这个职业的现状和前景，我们并不是非常了解，所以想针对这点请教您。

　　陶医生，我们无比荣幸能够通过书信的形式向您学习。实际上，除了我们，还有更广大的学生，以及各个领域的人将您视作榜样。您所提供给我们的精神力量，必定会在我们人生的重大关头与日常点滴中支持着我们。

　　最后，想借用您在一次访谈里所说的话，我们衷心祝愿您"永远用微笑看待这个世界，像海豚的弯弯笑眼一样"。

　　此致
敬礼！

北京四中高一六班
陈南钰、孙宗逸、王雪卿、张丁凤、张潇伊
2021年2月15日

陶勇回信

陈南钰、孙宗逸、王雪卿、张丁凤、张潇伊五位亲爱的同学：

　　你们好！

　　阅读来信，让我感到像晨曦中迎面吹来一阵青草地的气息，清新、干净，里面夹杂着一些迷茫和希望获得人生答案的渴求，真诚而又直接。

看到信中的"北京四中""高一"这些字眼，我想起了自己的高中时代。那时，在我们地方高中，最流行的订阅杂志就是《中学生数理化》，前几页都是"北京四中"这样的名校介绍，而且贴了很多照片。有时贴的是"天文爱好组"的同学透过望远镜看浩瀚星空，有时贴的是"微机（当时电脑被称为微机）兴趣小组"的同学编程，做出会跳会蹦的小人在屏幕上闪烁。

这本杂志的厉害之处就在于，一方面用这些照片勾起了我们这种"小镇做题家"的无比敬仰和羡慕，同时又用"学好数理化，走遍天下都不怕"这样的"鸡血"口号来激励我们咬牙坚持。

至于为什么我学好了数理化，却还是遇上那么倒霉的事，这本杂志没说。我觉得我可以做到"走遍天下都不怕"，靠的是另外两本书。

一本书是"笑忘书"。我是九三学社社员，2013年，我有幸参加了九三学社前辈严仁英教授的百岁生辰庆祝。严教授是协和医院妇产科专家，她曾经悲惨到在厕所里打扫卫生长达十年之久，以至于妇产科遇到疑难杂症，会说"到厕所去找严教授"。

后来，她被选为北大医院的院长，她不老老实实地坐办公室，却深入田间地头，骑着自行车穿梭在荒郊野外，去调查农村孕产妇的死因，制定并推广了围产医学，大大减少了孕产妇的死亡率，严教授也因此被誉为"中国围产保健之母"。

提起那段苦难，严教授说了八个字："能吃能睡，没心没肺。"你们看，"笑对苦难""忘掉悲伤"，把这本书学好，提升"逆商"，人生还有什么可以打败咱们的呢。

另一本书是"职业书"。我是医生，每天接触的都是生老病死，或者是身体残疾和苦痛的人，或者是心理焦躁和烦闷的人，都是负面和阴影。

但这个世界有意思的地方在于，往往鲜艳的花朵盛开在污泥之中，所以我也同时看到，很多一贫如洗，却还坚持劳动、不放弃治疗的人；也看到很多明知自己身患绝症，但仍然怀揣梦想、不断地进取奋斗的人；还看到很多被孤立、被误解、被伤害、遍体鳞伤但仍心无恨意，笑对人生的人。

医生的日常工作，不仅没有让我觉得厌烦，反而成为精神力量的源泉。

你们在信中问到两个问题，一个是如何确定目标并坚持，一个是要不要坚持自己的理想。我想，这两个问题可以合并成一个，那就是"主""谓""宾"的问题。主语——谁制定目标，自己还是他人，这个"他人"可以是父母，也可以是老师，或者朋友。谓语——坚持，如何坚持制定的目标。宾语——目标/理想，什么样的目标，什么样的理想。

所以，亲爱的同学们，你们问了我一个人生的终极问题，这个问题决定了人一辈子怎么过。

我必须坦白地告诉你们，此问题没有标准答案。我可以提供给你们的解题思路有两条：

第一，无论你们如何选择，一定都会有感觉自己选错的阶段，也一定会有感觉自己选对的阶段。

譬如，你们中间的两个想学医的同学，果然坚持了自己的兴趣，选择学医的话，面对背不完的解剖、组胚、生理、生化、内外妇儿等知识点，你们的同学一个电话打过来，问你们有没有空吃饭逛街，你们只能对着窗外的明月长叹一声，继续埋头死背，任由黑眼圈爬上面颊，这时你们的肠子一定得往青了后悔。

但后来你们会真看到饱受病痛煎熬的患者，经过你们的妙手医治战胜病痛，这时你们会获得成就感；家中亲人因为你们的悉心专业看护而保持健康，吃"青春饭"的同学羡慕你们越老越吃香的时候，你们又会庆幸自己还是选对了。

其实，无论今天你们选择什么专业，都会存在阶段性的对错问题。不要因为一时的不爽，就彻底否定自己的初心。努力，对大部分的人来说，比选择更重要。

第二，判断选择正确与否的标准，在于评价指标的设立。像我这种理想主义者，会认为人生的意义在于寻找到比生命更重要的东西，从一开始，就不满足于只是赚钱和获得名誉，应该说，理想主义的人更"贪心"，因为他们要的是内心的满足。通过

"医学"这个窥镜，可以更多地体悟真情，提升心智，感受平衡与和谐的状态，感受自己看问题的视野得到开阔，这种状态就会让我很满足。

但我要坦白的是，我也不能活在真空里，我也尊重世间的评价标准，只是保持平衡、没有走极端，不会为了追求更多的财富而牺牲自己的理想。

其实，有选择权的我们是被人羡慕的。我有一位初中同学，上学的时候，每天早上4点钟出门，先是割猪草，把家里的猪喂了，然后做饭，给弟弟和卧床的母亲把饭做好，再走十几里路去上学。

她后来高考考上了上海的一所名牌大学，但是所有的学费都要通过勤工俭学来获得。对她来说，在选择职业的时候，必须比我们更考虑世间的评价标准，所以，你们有选择的苦恼，但是，更多的人有无法选择的苦恼。

《中学生数理化》上登得最多的广告，就是祛痘膏，广告之精准，可谓令人瞠目。一个清纯的台湾女生，手持绿色包装的祛痘膏，脸上干净光滑，微笑恬然，对于当时高一满脸是痘，看见镜子就闹心而又正处在那样一个需要建立外貌自信以构成异性吸引的我，简直是极大诱惑。

可惜小镇上买不到啊。所以后来我高考考得不错，也不好说是不是跟这有关系，一方面因为买不到祛痘膏而省了浪费在照镜子上的工夫，另一方面加倍努力，希望去到能买得到祛痘膏的大城市。

痛心的是，等我费尽辛苦度过了千军万马过独木桥的人生大考到了北京之后，这款祛痘膏停产了。

你们看，人生不就是这样有意思吗？

再次感谢你们的来信。希望你们的人生多一些选择的自由，同时也保持对初心的敬畏。

陶勇

于朝阳医院眼科

2021年2月18日

与北京四中学生见面交流内容摘录

（来自《北京日报》的报道：北京朝阳医院眼科医生陶勇回复北京市第四中学的信件经媒体曝光后，感动无数网友。信件中，陶勇讲述了自己如何从一年前的伤医事件中走出，以及曾是"小镇做题家"的自己，如何成为一名心怀理想主义的大城市医生。

此事还有最新消息，2月24日，收到回信的北京市第四中学高一学生专程来到北京朝阳医院，面对面向陶勇请教。午餐会上，陶勇对学生提出的问题一一耐心解答，学生深情演唱《夜空中最亮的星》，表达对陶勇医生的尊敬。以下是见面交流的内容摘录。）

每一本书都有自己独特的价值

学生：在成长过程中，哪些书对您特别有价值？

陶勇：我觉得，每一本书可能都有它的价值，甚至包括看金庸的武侠，都会想起很多东西。写作文的时候，要怎么样先抑后扬，要怎么去在文章里反复强调一些观点，让人看完了之后，容易有印象，真正打动别人，形成共鸣。不同的书里获得的东西不太一样，有的给你人生观，有的给你思考的能力，有的告诉你写作的方法，都不太一样。

我自己当医生，最早的源动力就来自武侠小说，在武侠小说里都有个神医，那些武林高手功夫再厉害，最后受了伤或者得了不治之症，还要去找这些神医来医治。就像咱们打游戏后面补血的人，那个是最不可或缺的人。我觉得能做那样的人会很厉害，这就是我儿时内心的源动力，最朴素初始的东西。

没有一个职业是完美的,感受内心的意愿是否强烈

学生:我小时候也想当医生,但是后来就慢慢一直在变,一会儿想当医生,一会儿又想当画家,一直都在改。后来就走上了爸妈给我规定的道路……

陶勇:年轻时代会有点小逆反,不太愿意接受别人安排的路,但是自己也说不好对什么特别感兴趣,所以,尝试就好了。

对于学医,如果说要担心的问题,还是很多的。比如需要上夜班,在年轻的时候、最需要钱的时候最没钱。因为医生是一个需要时间沉淀个人价值的行业。这都是跟其他行业不太一样的地方。各行各业都有利有弊,每个行业都会有它辛苦的地方或者需要付出的地方,也会有它自己有价值感的地方。但是任何行业都是这样的,没有一个完美的职业,关键是要看内心的意愿有没有那么强,能不能看见这个行业里吸引自己的地方。

我依然坚定地认为,努力比选择更加重要。就像玩玩具,有的人喜欢玩乐高,有的人喜欢玩搭积木,有的人天生就喜欢玩一些简单的、重复性的游戏。医学本身就是以人体为研究对象,这个东西的兴趣对自己的吸引力能不能大过其他的东西,所以,要让自己知道能不能从职业中感受到乐趣,这个需要自己来思考。

放下一颗功利的心,细心观察,可能会收获更多

学生: 想问您一下,如果立志打算学医的话,高中需要做些什么会对未来的职业有帮助?

陶勇: 不需要那么功利地说我提前先想好了,我现在准备什么,到时候一学就会学得比别人更好,你不需要那么去想。

医学是个很大的范畴,不完全是开药、做手术、治病,它其实是一个讲究平衡的学科。

医学里头要用到一些科学的手段,激光、分子生物学等,但同时也要去介入到很多人的心理的问题,而且还要考虑到社会的属性,所以最终,只需要自己放下心来去体悟就好了。

就好比学习,如果放下那颗盯着成绩的心,去留意观察,比如跟父母的关系,或者看书的时候不完全想着要高考,或者是我一定要汲取到什么东西,可能会更有收获。

就放下功利的心,更多地去体会身边的万事万物和它们之间的关系,可能最终在医学的高度上会走得比别人高。因为别人可能只停留在"头疼医头,脚疼医脚"的技术层面,你已经达到了新的境界。

遇到令人崩溃的事情，不要想着立刻打败它，面对，解决，放下

学生：很想问一个问题，就是您的生活中有没有那种特别崩溃的时候，怎么化解那种情绪，让自己做出一个比较明智的选择，再继续坚持？

陶勇：首先我们再重复一下你刚才的这个问题："你有没有遇到自己人生中什么特别纠结、特别让你崩溃的事情，这个怎么去化解？"产生这个问题本身就是需要化解的。

举个例子，例如你是妈妈，有一天你发现女儿情绪不对，看她抑郁了，然后自己也变得非常的焦虑，就想方设法地去改变她。但实际上，妈妈因为女儿抑郁、焦虑、崩溃而崩溃，才是我们真正要解决的。问题常常是因为次生灾害而发酵变得更加严重，而不在于问题本身。

有一个词叫"破执着而不破显现"，"执着"是什么呢？就是你特别想改变你的女儿，让你女儿变得顺从平和、心里舒坦，不焦虑、不抑郁、不烦躁，就你这颗执着的心，才是我们要破除的。可能这是所有人必经的一个现象，女孩在成长过程中就必然有焦虑痛苦的时候，这是她的成长过程，就像小树苗要长大之前，它就必须得在地底下，那个种子得经历一段比较黑暗的时间，这也是它的成长必经之路。

所以，我要给你的那个问题的答案是，首先不要幻想世界上有什么办法可以让你在你的成长过程中不经历崩溃的事，这是你的必经之路。遇到了之后呢，面对、解决、放下，而不要幻想不面对，说我一上来就有一万种万能的方法，让我从此不经历崩溃的事情。

崩溃的事情，就像一剂疫苗，会让你变得更加强大

学生：我听懂了，实际上我也不是说不面对，就是心里很难受和恐慌。

陶勇：就是遇到了也很正常，没有任何一种通行的办法可以让你遇到了特别难受的事情还能一下把它解决掉了。没有。你就得正常地去面对，总会有解决的办法，在某一个瞬间等着你。

希望这件事情不要因为你内心的执着——我就想一口气马上解决——这颗焦躁的心而变得二次发酵，才真正影响到你的内心的和谐和稳定。如果你始终能保持一个和谐、平衡的心境，能在遇到很危急的时候保持冷静，而不让这个事情继续发酵，然后慢慢地，让你崩溃的这件事情，就会变成一剂疫苗，让你变得更加强大，而不会摧毁你。

网友河北邯郸小桃子来信

陶老师：

您好！

我是来自河北邯郸的小桃子。今年上中学，正在努力考上我理想的医科大学：首都医科大学。

立志学医是经历了矛盾和一段斗争的：六年级那年，一个很偶然的机会，我接触到了一部纪录片《生机无限》。刚开始，我只是抱着对内容的好奇点开了第一集，但是，慢慢地，我被纪录片中医生的医术吸引了：一次除颤，心跳骤停的病人起死回生；一次手术，走路不稳、右肢瘫痪的脑瘤患儿恢复健康……我开始对急诊产生了浓厚的兴趣并开始喜欢上了医学，最终，我被纪录片中朝阳医院急诊科的梅雪主任成功圈粉并开始确定了梦想——我要学医，成为一名优秀的医生！

可是这个炽热的梦想刚刚萌芽，就经历了一阵狂暴雨，险些夭折。随着周围越来越多的人知道我的梦想，反对的声音也在支持中慢慢出现。家里的长辈觉得医生太辛苦，挣得的工资也不多，一直持反对意见，但这不足以对我形成阻力，毕竟我清楚，"医生"这个职业如果当作挣钱的工作做是根本不可能坚持下去的。我开始怀疑是否做出了正确的抉择，是在我对与医疗行业有关的事物的了解逐渐增多加深，看到医生的价值感的同时，也了解到了许多关于医闹的事件的时候。我开始觉得医生这个行业的危险系数太高了，那次砍伤事件的发生更是让我心中否定的意见占的比重越来越大。就在我即将放弃的时候，《目光》出版了。

《目光》给了矛盾中的我莫大的鼓励，您面对那次砍伤事件的坚强和毅力深深感染了我。您在书中写道："希望年轻的医生不要轻易放弃，想学医的孩子不要被困难吓倒，医生是极有价值感的职业，值得你们加入进来。"是的，就是这句话坚定了我的信心，经过了内心的无数斗争，我终于坚定了我为之奋斗终生的梦想：学医。

谢谢您让我找到了人生的方向，重拾了我的梦想。我在并不遥远的邯郸为您送上新年的祝福！"也愿我们都能为自己所热爱的一切，穷极一生。""医学是信仰，向光而行。"

蟠桃洛久儿

2021年2月23日

陶勇回信——《理想》

蟠桃洛久儿：

你好！

手写信，是一种我在你这个年纪的时代的主要沟通方式。等信的时候，是期待；收信的时候，是惊喜；看信的时候，常要逐字逐句读一遍之后，又从头到尾再读一遍，然后小心翼翼地折起来放回信封，回到家后拿出来又读几遍。那个年代，很多人有集邮的习惯；那个年代，有一种朋友叫笔友。

所以，笔友，今天读到你的手写来信，瞬间把我拉回到高考填报志愿的那个夜晚。虽然那时伤医事件的报道极少，但家人也颇为担心我是否可以经受得住"学医需要一辈子学习"这样一个残酷的事实。因为，那时，大学生被称为天之骄子，很多家庭对子女的期许就是考上大学，然后分配到一个好工作。高考，对于当时的很多家庭，就是奋斗的终点，而我，要不要选择一个高考之后还得继续一辈子学习的辛苦职业，这成为我们全家在那个夜晚集体讨论的焦点。

但我必须感谢我的父母，因为他们辛勤的工作，让我有了选择梦想的权利，而和我同班的很多同学，尽管成绩优异，但在面对现实之后，他们选择了免学费甚至给生活补助的大学，而专业是否喜欢成为次要考虑的因素。

我必须感恩，在我填报高考志愿的年代，来自现实生活的压力没有现在这么大。我也常为我们朝阳医院眼科的年轻医生焦虑，我有责任让他们买得起房、结得了婚。

我感恩，17岁的我，的确是在选专业，而不是选就业。

今天的你，已经开始遇到了来自长辈的不理解，未来的你，还会无数次面对工作中沟通的障碍。如何有效沟通，是我们需要用很长时间学习和提高的能力。

今天的你，在专业的选择上遇到了困惑，未来的你，还会无数次在治与不治、值与不值的问题上纠结彷徨。A是理想，B是现实，我们一生都要做无数个选A还是选B的选择题。

你提到，《生机无限》里急诊科医生精湛的医术让你目眩神迷、欣然神往，应该说这是一个美好的愿望，满满的成就感，谁不喜欢。现在不是都流行出门旅游和游戏打怪前先看看攻略嘛，那我就和你说说我20年来的医路攻略吧。

首先，你会遇到的第一个大boss（对手），就是懒惰。医科大学里，74门课，主要都是背诵和记忆的内容，人体的器官、组织、细胞、分子，越来越抽象。我并不认为勤奋和坚持是克服懒惰的第一动力，至少我就无法坚持长时间去做一件我不喜欢的事情，所以我觉得在学习中获得兴趣，才能持续源源不断地前进。人体的神奇之处，超乎我们想象，当我们由大体层面进入细胞乃至分子层面后，就在你面前打开了一个神奇世界。

其次，你会遇到的第二个大boss，就是模仿。我们从教科书、上级医师那里传承了宝贵经验，但病人的情况是千变万化的，而且科技发展是日新月异的，死守一个经验，在舒适区内久留，并不利于医术的持续进步。初期的时候，模仿是必须的，而掌握了技术和习惯模仿之后，想要百尺竿头更进一步，就需要丢弃单纯模仿。要做"一个有数十年经验的医生",还是做"一个经验用了数十年的医生"?

最后,第三个大boss,就是困惑。医学和医疗,是两件事。医学是一个学科,是理想的,是丰满的,是单纯的;而医疗是一种职业,是现实的,是骨感的,是复杂的。医疗是与人打交道的职业,人性和社会的复杂,在这个职业中会充分地体现。从满怀期待,到认清现实,再到仍充满热情,有一个逐渐认识的过程。这个过程充满各种各样来自内心的疑问和对现实不解的困惑。用手将冰冷的听诊器焐暖,再放到病人身上,医学就是有温度的。斯宾诺莎有句名言:"我们对于情感的理解愈多,则我们愈能控制情感,而心灵感受情感的痛苦也愈少。"医人的同时,我们也在医己。

选择医学作为信仰,一万句"我爱你",不如一句"我愿意"。

祝未来的你医路"开挂"。

陶勇

2021年7月15日

网友一只小璐来信

亲爱的陶医生：

您好！我叫璐璐，是一名即将上高中的中学生。暑假期间看完了您的《目光》，因此想写信与您交流。

小时候外婆在医院住院，我放学后时常去看望她，也常常碰见许多来来往往的医护人员。那时我并不明白他们在做什么，只知道是他们让外婆顺利出院，而且他们十分和蔼可亲。随着年龄的增长，我对"医生"这个职业也有了更多了解，便越发对"它"感到敬仰。

我利用课余时间看了一些医疗纪录片，虽然内容都大同小异，但每次看到感动的情节都会热泪盈眶。这些故事中的痛苦与快乐，我们作为旁观者可能永远无法感同身受。即便我明白以我一己之力不能够帮助所有的患者，但我还是希望能为"健康中国"的建设贡献自己的一份力量。

看了您的书，我受益匪浅。其中您对生活的理解和感悟我非常喜欢，特别是当有些观点和我的想法重合时，那种感觉不言而喻。我认为您不仅仅是位医生，更是一位特别的哲学家。

最近，我在生活中遇到了一个问题。一次在商场买饮料，碰到了一个乞讨的聋哑人。她一手拿着残疾证，一手拿着一张硬纸板和一个铁碗，板子上写着"捐款20元"，而且还有微信付款码。她直接走过来把那些东西给我看。一开始我并不想理会她，觉得她在道德绑架，她应该用更正当的方式来谋生。可这种心情只持续了一秒，我突然觉得自己作为一个正常人不该要求她，应给她这份爱心，所以还是把20元转给了她。但那之后我又有点后悔，把这件事告诉了母亲，她认为我不该给她那么多钱，是我太过软弱。其实我家境也不富有，父母工资也只够生活罢了。但我觉得自己并没有她想的那么软弱，只是我不能平衡软弱与强硬而已。所以我想问问您如何平衡这两者。如果是您遇到了这种事，会如何选择呢？

我把梦想告诉了周围的亲人们和朋友、老师，他们都说我的性格适合当医生。可是真的有适合当医生的性格吗？我一直向往成为一名医生，但有时会感到迷茫，怀疑自己是否能成为梦想中的那个我。马上要进入高中学习，未来面临的挑战将会更加艰巨。但就像汪国真先生说的"既然选择了远方，便只顾风雨兼程"。如果三年后的某一天，我收到了医学院的录取通知书，一定来北京找您！

非常荣幸能通过这种方式与您交流，期待您的回信！

祝：

阖家欢乐，平安顺遂

一只小璐
2021年7月

陶勇回信——《正义》

小璐：

你好！

你的笔迹工整，清秀隽永，没有一点涂改与修整。人如其字，想来本人行事应也中规中矩，遵守规范，注重细节。

来信的内容中，显露出你的善良——为乞讨之人捐钱，但也流露出你的困惑——很可能是骗局和道德绑架，这样做是否正确？这启发了你的思考，思考是智慧产生的源泉。

困惑以至于成了纠结，妈妈简单直接的答复——不要给。这似乎不能帮你解开纠结，于是便成了心结。但是你不愿意被这个心结绊住，便勇敢地给我写信。

按照两千多年前，柏拉图在《理想国》中描述的，正义是节制、智慧、勇敢三种美德的统一，而你正好兼具，于是正义之光闪现。正义有两种不同的形式，一种是行为正义，一种是结果正义。前者指的是行事不超过界限，符合人们所制定的要求。譬如，不给别人吃过期食品，因为这样有可能损害别人的健康，当然法律也禁止商家这样做——这样的行为符合正义；后者指的是行事的结果是好的，但过程却有可能不符合要求。譬如，眼看着沙漠里的人要饿死了，把手里的过期食品给他吃，结果把人救活，但却违反了不能给人食用过期食品这个基本要求。

你捐给别人20元钱，属于行为正义，但是结果是否正义，无人得知。因为我们并不知道那个人的真实情况。也许你帮助了一个骗子，也许你救助了一个穷人。即使选择错误，你最多就是白损失20元钱，这个损失不算重。

在真正的医疗中，面对艰难选择时如果选错了，损失会严重得多。举个例子，20世纪50年代，美国明尼苏达大学医学院的心脏外科医生沃尔顿，不想眼睁睁地看着患有先天性心脏病的孩子死去，设计了一个大胆的手术方案。做手术的时候，让孩子的父亲躺在旁边，把孩子的血管和父亲的血管串联在一起，这样孩子心脏里的血液就可以流入父亲体内，由父亲的肺脏进行加氧，富氧血液又被输回孩子体内，医生在这样的条件下就可以进行手术了。如果手术成功，没人会说什么，但是如果手术失败，原本健康的父亲，可能就此命丧黄泉，这无异于谋杀。如果是你，如何选择？是选择"行为正义"——眼睁睁看着重病的孩子死去（因为当时的医疗条件不够）；还是选择"结果正义"——努力去抢救孩子，但这种冒险有可能让自己背上人命官司和内心的愧疚。

我试图说服你的是，不要执着于探寻自己每一次的选择是否正确。事实上，具体到真实世界里的每一次选择，即便是同一个人，如果重来一次也会有不同的做法。这和当时的心境、认识都有关系，但这不重要。唯一重要的是，我们内心里，向往光明。

我们无法左右结局，但动机是好的，这便足够了。阳光不能穿破所有的云层，但它依旧是光辉的。我们要回避在生命里每一次做选择时充当自己的裁判和法官，因为那样是对自己理想的最大消耗。我们希望有好的结果，但勿要因为畏惧结果不如人意，而让自己愿意救人的心灵蒙尘——这就是我能给到你的建议。

祝你一切都好，放松心情，快乐成长！

陶勇

2021年8月29日

致　谢

　　半年时间，我一会儿在火车上，一会儿在咖啡店，一会儿在家里。有时脑海里突然有了灵感，便拿出本子来，在马路牙子上顺手写下，写作思路记在本子前面，佳句记在本子后面，敲进电脑的时候，前前后后来来回回地翻。有时和朋友吃饭，听到一个好的观点，便赶紧示意叫停，在惊诧的目光注视下，趁着记忆热度急忙记下，记完之后打手势让他们继续。最可怕的是上厕所时，突然思如泉涌，这是一件很尴尬的事情，两难。《自造》这本书就是这样零打碎敲、零存整取地创作出来的。

　　算是给了自己一个交代。

　　这本书应该算是我个人的第一部独立完成的非学术类的书，之前的《目光》是由我口述，好友李润执笔，内容我提供，文笔风格是他的,那本书的完成并不能完全归于我个人,算半本吧。

本书的完成,需要感谢很多人。

严谨认真、理性逼人的挚友张笑,是推动我咬紧牙关,把一分钱的碎片时间掰成两半花来写书的主要动(压)力来源者。他批评我,我国大部分产区的麦子是夏季成熟的,所以用"秋天的麦浪"来形容"烤鸭的金黄色"是不妥的。我除了虚心接受,没有第二种选择。

好友李润继续一如既往地帮助我,这次是精神上的。我们在一个群里聊天,他总是无原则地支持我,每当有人善意提醒我的时候,他却说,"陶勇已经做得很好了","陶勇的观点表达得已经很清晰了","我觉得陶勇要说的意思是有高度的,别人不懂就不懂好了,不需要所有的人都懂"。支持的程度如此夸张,以至于群友纷纷表示他已经被我PUA(精神操控)了。也就是因着这样的力挺,我才如此自信地把这本书写出来,要不然的话,以我写惯了学术论文的科学态度,肯定是每句话都要自我怀疑和否定的。

我的妻子坚持以实际行动支持我,我也照常和家务绝缘,虽然我说这是默契,但其实是她的奉献。每当孩子要打扰的时候,她总是很配合地把孩子带到另一个房间去做作业和玩儿。于是,过一会儿,我便会担心那孩子会不会一直看书看电视,把眼睛看近视了,时不时走出房间,反复提醒那孩子要注意"20—20—

20"法则。

我会不厌其烦地告诉我家娃儿:"爸爸是眼科医生,你可千万不能近视,要不然我老脸丢尽。"娃儿争气,到现在,11岁了,双眼还是1.5的视力,她能让我省心,便是最大的支持。

父母对我的帮助,是提供他们幼年和青年时坎坷人生的素材,他们坚持给我的左手进行电疗、擦洗和按摩,用浓厚的亲情化作动力。

粉丝们给了我极大的支持,但基于她们的顾虑和谦虚的品格,不能点名表扬。当然,我只知道她们的网名,对她们真实的姓名一无所知。我小的时候,对父母给起的名字并不满意,也尝试给自己起过笔名,现在早已忘却,我很羡慕这些网友粉丝,她们给自己起的名字可以存在并持续运行在一个虚拟空间。为了报答她们,我有时会在微博上提一些问题,例如"种出无籽西瓜的种子,是怎么培育出来的?""莲花是种藕长出来的,还是种莲子长出来的?"帮助她们在"吃瓜"之余,活跃活跃大脑皮质深层细胞。

最后要感谢的是博集天卷的编辑,他们以专业的视角给了我很多建议,并且帮助联系插画和配图,做文字排版。

后　记

相信明眼人都看出来了，这本书彻头彻尾就是以一个眼科医生的碎碎念视角，将生活中经历的故事，诊治疾病的原理，还有科学研究的心得写出来。透过这些稀松日常的现象，希望悟出启迪人生的"真经"。

对于人生，基本上有几种答卷方式。

一是白卷，不去深入思考，所见即所得。人生态度遵循拿来主义，在家的时候，父母怎么说我就怎么做；上学的时候，老师教导我学习；在单位的时候，领导吩咐我照办；由于没有活跃深处脑皮层的细胞，独立人生观的答卷基本空白，人生规划的方式抑或是按部就班，抑或是随波逐流。

二是乱卷，因为没有循序，所以无法渐进，容易受到各种观点的牵引，一会儿如打鸡血般亢奋，一会儿似老松树般沧桑，时而主动"996"不用加班工资，时而笃定"躺平"无法叫醒，激情荷尔蒙消耗之后，就是绝对的神经不应期。人生观点曲线犹如旋涡，波峰和波谷之间的振幅巨大。

三是顺卷，也是我希望和大家一起遵循的答题方式。从能做的选择、填空开始，做出感觉来，再顺着做思考题，最后做大题。答题顺序，因人而异，不尽相同，但于我而言，是从现下的职业、生活入手，反复咀嚼生命故事，用唾液淀粉酶把这些故事中的淀粉转变成麦芽糖。读过的书、做过的实验、思考过的科学理论、接触的医学知识、看到听到的患者故事，都是"可以吃的食物"，我们需要做的，就是去嚼它。

打个比方，把我们自造的人生观，也看作人的话，人要长大，就得有营养，营养要么是来自别人施舍的饭菜，要么是免费提供的救济餐，这种"大锅饭"不可能为你一个人量身定制，有什么就吃什么，"要来的饭别嫌馊"。但这食物也可以是自家菜园子里种出来的粮食，自己想吃什么、缺什么，需要什么就种什么，长大的"人"——我们的人生观，才能健康和茁壮。

职业是平常的，生活是平凡的，但内心不希望保持平庸。

人生道路上，我们渴望活出自我，不想"撞衫"。

作为本书的作者，感到最幸福的事，莫过于希望读完这本书的朋友，再遇到"你的理想是什么？""怎么看待工作？""幸福指数多少？"这类涉及人生观的考题的时候，会大喊一声：

"呦！这题我会啊！"

2021年8月24日

© 中南博集天卷文化传媒有限公司。本书版权受法律保护。未经权利人许可，任何人不得以任何方式使用本书包括正文、插图、封面、版式等任何部分内容，违者将受到法律制裁。

图书在版编目（CIP）数据

自造 / 陶勇著 . -- 长沙：湖南文艺出版社，2021.12
 ISBN 978-7-5726-0485-0

Ⅰ.①自… Ⅱ.①陶… Ⅲ.①随笔—作品集—中国—当代 Ⅳ.① I267.1

中国版本图书馆 CIP 数据核字（2021）第 233364 号

上架建议：文学·随笔

ZIZAO
自造

作　　者：陶　勇
出 版 人：曾赛丰
责任编辑：刘雪琳
监　　制：秦　青
策划编辑：陈　皮
文案编辑：停　云
营销编辑：杜　莎　杨若冰　王思懿
封面设计：利　锐
版式设计：李　洁
书籍插画：林帝浣
内文排版：麦莫瑞
出　　版：湖南文艺出版社
　　　　　（长沙市雨花区东二环一段 508 号　邮编：410014）
网　　址：www.hnwy.net
印　　刷：三河市中晟雅豪印务有限公司
经　　销：新华书店
开　　本：875mm×1230mm　1/32
字　　数：168 千字
印　　张：9
版　　次：2021 年 12 月第 1 版
印　　次：2021 年 12 月第 1 次印刷
书　　号：ISBN 978-7-5726-0485-0
定　　价：58.00 元

若有质量问题，请致电质量监督电话：010-59096394
团购电话：010-59320018